Wilhelm Rüstow

Der Krieg um die Rheingrenze 1870

Politisch und militärisch dargestellt

Wilhelm Rüstow

Der Krieg um die Rheingrenze 1870
Politisch und militärisch dargestellt

ISBN/EAN: 9783744635394

Hergestellt in Europa, USA, Kanada, Australien, Japan

Cover: Foto ©ninafisch / pixelio.de

Weitere Bücher finden Sie auf **www.hansebooks.com**

Der

Krieg um die Rheingrenze 1870

politisch und militärisch dargestellt

von

W. Rüstow,

Eidgenössischer Oberst, Ehrenmitglied der K. schwedischen
Akademie der Kriegswissenschaften.

~~~

Mit Kriegskarten und Plänen.

Erste Abtheilung.

~~~

Das Uebersetzungsrecht in fremde Sprachen ist ausdrücklich vorbehalten.

Zürich,
Druck und Verlag von Friedrich Schultheß.
1870.

☞ Die zweite Abtheilung ist in der Presse und enthält die Darstellung der Ereignisse vom Beginn der Feindseligkeiten bis zur vollständigen Einschließung Ba-
zaines in Metz, 18. August, und Karte I: Gefechte von Forbach-Saarbrücken;
Karte II: Gefechte von Weißenburg und Wörth; Karte III: Gefechte und Schlacht
von Gravelotte, 18. August.

Der Krieg um die Rheingrenze 1870.

Der

Krieg um die Rheingrenze 1870

politisch und militärisch dargestellt

von

W. Rüstow,

Eidgenössischer Oberst, Ehrenmitglied der K. schwedischen Akademie
der Kriegswissenschaften.

———

Mit Kriegskarten und Plänen.

Zürich,
Druck und Verlag von Friedrich Schultheß.
1870.

Erster Abschnitt.

Politisch-militärische Einleitung.

———

1. Das Verhältniß Frankreichs zu den Erfolgen Preußens im Jahr 1866 und die luremburgische Frage.

Am Ende des Jahres 1859 stand der Kaiser Napoleon III. auf der Höhe, die ihm zu erreichen vergönnt sein sollte. Von da ab zeigt sich ein Hinabsinken des zweiten französischen Kaiserreichs.

Schon die Ereignisse des Jahres 1860 in Italien vollzogen sich größtentheils gegen den Willen Napoleons; von nun ab denkt er mehr daran, die Phantasie des französischen Volkes in entsprechender Weise zu beschäftigen, als an die realen Ziele, die er mit seinen Unternehmungen erreichen könnte.

Ende 1861 stürzte er sich in jene Operation, welche ihm und dem Kaiserreich wahrhaft verderblich werden sollte, die mexikanische. Anfangs handelte er gemeinsam mit England und Spanien; aber als diese schon anfangs 1862 sich für befriedigt erklärten durch die Zusagen der mexikanischen Republik, verharrte Frankreich, seine Anforderungen willkürlich steigernd, allein auf dem Schauplatz und zeigte, daß es um jeden Preis Mexiko und mit demselben die gerade in den großen Bürgerkrieg verwickelte Republik der vereinigten Staaten bekämpfen wolle.

Der mexikanische Krieg machte ungeheure Anstrengungen nöthig, welche außer allem Verhältniß standen zu dem Nutzen, den nach den Anschauungen unparteiisch urtheilender Staatsmänner Frankreich aus diesem Kriege ziehen konnte. Allein so lange die Nordstaaten Amerika's, statt bedeutende Erfolge im Kampfe davon zu tragen, vielmehr dem militärischen Talent der Südstaatengenerale zu erliegen schienen, durfte der Kaiser Napoleon in seinem mexikanischen Kriege immer noch Hoffnungen für sich und für Frankreich hegen.

Mit der Schlacht von Gettysburg, am 2. bis 4. Juli 1863, trat der große Umschwung im Verhältniß der Nordstaaten zu den Südstaaten Amerika's ein. Die Franzosen waren damals seit vier Wochen Herrn in der Stadt Mexiko; aber wie wenig beherrschten sie das Gebiet der mexikanischen Republik! und sehr bald konnte Niemandem mehr ein Zweifel darüber bleiben, daß die materielle Kraft der amerikanischen Südstaaten aufgebraucht sei, daß der schließliche Sieg dem unionstreuen Norden zufallen werde. Und dieser, das war gewiß, konnte eine Niederlassung der imperialistischen Franzosen an den Grenzen der Union nicht dulden.

Während sich auf diese Weise am Himmel des zweiten Kaiserreichs in Amerika drohende Wolken zusammenzogen, fehlte es an solchen um die gleiche Zeit auch in Europa nicht.

Freilich war die garibaldische Expedition zur Befreiung Roms von der päpstlichen Herrschaft von den Truppen der italienischen Regierung Ende August 1862 auf Aspromonte siegreich niedergeschlagen worden; allein sie hatte doch gezeigt, daß, wie gehorsam immer die italienische Regierung sich dem Kaiser Napoleon zeigen möge, dieser nicht mit der Regierung allein zu rechnen

habe; daß in Italien andere Elemente existirten, welche die französische Politik nicht gänzlich übersehen dürfe.

Anfangs 1863 kam die polnische Insurrektion gegen
Rußland, welche bis dahin nur im Büßergewande aufgetreten war,
zu offenem und gewaltsamem Ausbruch.

Dann wieder wollte im Sommer desselben Jahres der Kaiser
von Oesterreich in Frankfurt am Main die deutsche Einheit mit den kleinen Fürsten machen und scheiterte am Widerstande Preußens. In Folge dessen und des Gedankenaustausches
Preußens und Oesterreichs trat die schleswig-holsteinische Frage,
welche mit 1850 begraben geschienen hatte, wieder in den Vordergrund.

Frankreich, England, Oesterreich und Italien eröffneten in der
polnischen Frage einen Notenkrieg gegen Rußland, welcher unmöglich ein Resultat herbeiführen konnte.

Kurz, es wimmelte im Jahre 1863 förmlich von europäischen
Fragen. Unter diesen Umständen schlug Napoleon III. zu Ende
des Jahres einen europäischen Kongreß vor, der zu Paris tagen
sollte. Aber sein Vorschlag drang nicht durch; England wollte es
auf keinen Fall auf einen Krieg ankommen lassen.

Dafür brach anfangs 1864 der Krieg gegen Dänemark
aus, in welchem Oesterreich an Preußens Seite marschirte. Der
dänische Zwerg, von den Riesen, die sich gegen ihn erhoben, militärisch leicht besiegt, konnte diplomatisch nicht gerettet werden.

Napoleon hatte alle Veranlassung, sich zu besinnen. Zwei
Wege, sich auf dem Throne zu erhalten, lagen vor ihm: das
cäsaristische Princip aufgeben, Frankreich innere Freiheit zugestehen, oder es durch glänzende Erfolge gegen außen betäu-
ben und auf diese Weise das Prinzip des persönlichen Regiments
retten.

Der Art nach, wie sein Reich begründet war, mußte er dem letztern Weg den Vorzug geben. Wir sehen daher von 1864 ab seine Politik wesentlich in zwei Richtungen hin arbeiten: auf den Abschluß von Allianzen und auf die Konzentrirung der zersplitterten militärischen Kräfte in Frankreich selbst.

Im letztern Sinne ward die Konvention vom 15. September 1864 mit Italien abgeschlossen. Sie übertrug im Wesentlichen dem Königreich Italien die Pflicht, den Schutz des heiligen Vaters und des ihm verbliebenen Gebiets zu übernehmen und machte es dadurch möglich, die französischen Truppen aus Rom und dem päpstlichen Gebiete hinwegzuziehen.

Die Reise, welche im Jahre 1865 Napoleon nach Algerien unternahm, war wesentlich darauf berechnet, auch in dieser Kolonie eine Friedenspolitik zu begründen, welche es möglich machen sollte, hier gleichfalls mit einer geringeren Truppenzahl als bisher auszureichen.

Sich von der Last Mexiko's zu befreien, daran hatte Napoleon schon vorher gedacht und es war ihm gelungen, in der Person des romantischen Erzherzogs Max von Oesterreich einen neuen Kaiser für das mexikanische Reich zu entdecken. Nachdem man mit leichter Mühe dem Erzherzog den Beweis geliefert hatte, daß er durch das allgemeine Stimmrecht zum Kaiser von Mexiko berufen sei, nahm er die Bürde auf sich und zog am 12. Juni 1864 in die Hauptstadt Mexiko ein, um von hier aus den unglückseligen Kampf gegen den Präsidenten Juarez der legitimen Republik zu beginnen, zunächst noch unterstützt durch die französische Armee, welche indessen der Rechnung Napoleons nach nun bald durch Oesterreicher und Belgier, Leute aus der eigenen Heimat des Kaisers von Mexiko und aus derjenigen seiner Gemahlin, der belgischen Prinzessin Charlotte würden ersetzt werden können.

Wie bewußt und emsig Napoleon an der Konzentrirung seiner Streitmacht auf Frankreich arbeiten mochte, deren Vollendung nahm ohne Zweifel eine gewisse Zeit in Anspruch, und mochte man sich durch diese Konzentrirung nur auf die Defensive oder auch auf die Offensive gegen die dem Kaiserreich widerstrebenden Mächte Europa's vorbereiten wollen; vorerst kam es für Napoleon darauf an, daß der Friede in Europa bewahrt werde, und er zeigte sich in der That äußerst friedlich in den Akten seiner Regierung.

Der bedeutendste der Akte in dieser Richtung war die Re- duktion der permanenten Armee, welche im November 1865 ver- kündet ward. Diese Reduktion war nicht in kürzester Frist wirklich durchzuführen, aber ihre bloße Ankündigung schon erregte Unzufriedenheit im Offizierskorps. Die Errichtung der französischen Legion von Antibes für den Papst konnte diese Unzufriedenheit keineswegs vollkommen beschwichtigen.

Die Reduktion der französischen Armee war der Konven- tion von Gastein auf dem Fuße gefolgt. Nachdem Oesterreich und Preußen gemeinschaftlich über die Dänen gesiegt, war der alte Haber zwischen ihnen alsbald wieder ausgebrochen und die gemein- schaftliche Eroberung selbst hatte ihnen neuen Stoff geliefert. Der Ausbruch des Krieges zwischen den beiden deutschen Großmächten war durch die Konvention von Gastein nur hinausgeschoben worden; im Jahre 1866 erfolgte er wirklich.

Die Möglichkeit eines ernsten Konfliktes Preußens und Oester- reichs hatte Napoleon III. seit 1859 ins Auge gefaßt. Er dachte sich dabei Preußen wesentlich in derselben Lage Oesterreich gegen- über, wie Italien 1859. Preußen, meinte er, werde seiner Hülfe bedürfen und wie die Sardinien geleistete Hülfe Frankreich Savoyen und Nizza eingetragen habe, so werde die Preußen geleistete Hülfe dem zweiten Kaiserreich das linke Rheinufer, die vielbesprochene natürliche Grenze Frankreichs einbringen. In diesem Sinne ward vielfach, wenn auch dunkel, mit Preußen konfidentiell verhandelt. Preußen konnte auf den Gedankengang der französischen Regierung unmöglich eintreten. Die letztere aber benahm sich höchst zuversichtlich, in der festen Voraussetzung, daß der Moment schon kommen werde, in welchem Preußen der Hülfe Frankreichs nicht entbehren könnte und in welchem es froh sein würde mit dieser Hülfe und den dafür zu gewährenden Konzessionen mäßige Vortheile für sich dem österreichischen Widerstreben und dem Widerstreben der deutschen Einzelstaaten abzuringen.

Der Vertrag von Gastein, welcher einen Augenblick den Frieden zwischen Oesterreich und Preußen herzustellen schien, regte eben deßhalb die kaiserliche Regierung von Frankreich beträchtlich auf, und sie konnte der scharfen Worte, um ihn zu verdammen, kaum genug finden.

Beim Drohen des Krieges von 1866 belebten sich die französischen Hoffnungen wieder und die kaiserliche Regierung, welche zu gleicher Zeit mit Italien unterhandelte, bot im Mai der preußischen einen Allianzvertrag an. Napoleon wollte Preußen mit 300,000 Mann gegen Oesterreich unterstützen; dieses sollte dafür nach siegreich beendetem Krieg Venetien an Italien abtreten, Preußen sollte in Norddeutschland ein Territorium mit etwa 8 Millionen Einwohnern gewinnen, dafür aber an Frankreich das Land zwischen Mosel und Rhein, jedoch mit Ausnahme der Festungen Koblenz und Mainz überliefern.

Der Antrag ward von Preußen im Juni zurückgewiesen und Frankreich rechnete nun darauf, daß ihm der Gang des Krieges hinreichende Gelegenheit bieten werde, in einer oder der andern Weise zu seinem Zwecke zu gelangen.

Auf den Sieg der Preußen, wie er wirklich eintrat, und in der Art, wie er gewonnen ward, durfte vor dem Kriege kein Mensch spekuliren.

Der Krieg von 1866 nahm einen ganz unerwarteten Verlauf. Nach der großen Niederlage Oesterreichs bei Königgrätz bot schon am 4. Juli der Kaiser Franz Joseph dem Kaiser Napoleon Venetien zum Geschenk an. Der Wunsch Franz Josephs war ohne Zweifel, daß nun Napoleon III. sich thätig in den Krieg einmische. Dieses schien Napoleon bedenklich. Daß Italien sich von Preußen trenne, wollte er allerdings; hatte er doch schon vor Beginn des Krieges durch seinen Antrag auf einen europäischen Kongreß wesentlich nur den Vertrag Preußens mit Italien, welcher blos auf drei Monate geschlossen war, unwirksam machen wollen und er wußte ja auch, daß er in der italienischen Regierung gehorsame Diener in genügender Zahl besitze. Diese konnten freilich nicht Alles, was sie wünschten.

Daß Frankreich im Juli 1866 sich thätig in den Krieg einmische, schien bedenklich. Preußen hatte eine höchst bedeutende militärische Kraft entwickelt; die Italiener hatten Vertrauen zu ihm gewonnen. Griff Frankreich jetzt zu den Waffen, so trieb es voraussichtlich die Süddeutschen und die noch widerstrebenden Norddeutschen nur desto sicherer Preußen in die Arme. Napoleon kannte besser als sonst Jemand in Frankreich die Schwächen der militärischen Organisation seines Landes, an denen er selbst größtentheils die Schuld trug. Auch der Ruf, den sich das Zündnadelgewehr in dem Kriege errungen, war nicht zu übersehen, da die französische Armee noch keine Hinterlader oder Schnellfeuergewehre besaß.

Unter allen diesen Umständen hielt es Napoleon für das Gerathenste, vorläufig das Unabänderliche geschehen zu lassen und gute Miene zum bösen Spiel zu machen, unmuthig, aber doch stets der Hoffnung, daß Preußen durch dasjenige, was es 1866 erreichte, sich auch manche Beschwerde aufgeladen habe, die späterhin und zu geeigneter Zeit Frankreich willkommene Gelegenheit zu einer ihm nützlichen Intervention bieten könnte.

Im Widerspruch zu seinen vor dem Kriege abgegebenen Erklärungen sah es der Kaiser Napoleon jetzt ruhig mit an, daß Oesterreich auf Preußens Verlangen gänzlich aus Deutschland ausschied und war schon zufrieden, daß Preußen mindestens die Mainlinie ein wenig respektirte.

Minder vorsichtig als der Kaiser ließ Drouyn de Lhuys, der Minister des Auswärtigen in Berlin wegen der Kompensationen anklopfen, die Frankreich wegen der Machtvergrößerung Preußens im Interesse des europäischen Gleichgewichtes zuständen, zumal es die preußische Regierung ruhig habe schalten und walten lassen.

Unter den obwaltenden Umständen mußte sich Graf Bismark diesen Anfragen gegenüber durchaus ablehnend verhalten. Drouyn de Lhuys ward aber veranlaßt, sein Portefeuille niederzulegen und provisorisch durch Lavalette, dann durch den Marquis Moustier ersetzt, sobald dieser von seinem Botschafterposten in Konstantinopel nach Paris gelangen konnte.

Am bringendsten schien dem Kaiser Napoleon eine Reorganisation der französischen Armee, welche einen größeren Vorrath von ausgebildeten Soldaten, als die bisherige Einrichtung liefere. Es ward noch 1866 an die Vorbereitung eines Gesetzes gegangen, indessen kam dieses in Wirklichkeit erst im Jahre 1868 zu Stande und zwar in einer Gestalt, welche den ersten Absichten des Kaisers und seiner umsichtigsten Berather wenig entsprach. Wir werden weiter unten weitläufiger davon zu sprechen haben.

Mit der Erprobung eines Hinterladers hatte man sich

in Frankreich schon seit dem Jahre 1857 ernstlich beschäftigt; indessen wie überall fast in Europa herrschten auch hier Zweifel an der Kriegsbrauchbarkeit einer solchen Waffe und hemmten den Fortschritt in dieser Richtung. Nach dem dänischen Kriege von 1864 ward die Angelegenheit entschiedener angegriffen und endlich nach den preußischen Erfolgen von 1866 entschloß sich das Kriegs=ministerium eiligst zur Annahme eines gut befundenen Modells und zur Anschaffung großer Quantitäten eines Zündnadelgewehrs nach dem System Chassepot. Das Kaiserliche Dekret, welches die Annahme des Chassepot sanktionirte, ist vom 30. August 1866.

Ueber die Beschaffung einer für die ganze französische Armee ausreichenden Zahl von Chassepotgewehren mußte eine erhebliche Zeit vergehen; die Maschinen zur Anfertigung der Gewehre in Masse mußten erst beschafft und aufgestellt werden.

Damit, wenn Komplikationen mit Preußen einträten, bevor die ganze Armee mit Chassepots versehen war, dieselbe nicht gar zu sehr in Nachtheil komme gegen die preußische Armee, beschloß man zugleich die Umänderung der vorhandenen großkalibrigen Minié= vorderlader in Hinterlader und es ward anfangs 1867 für diese Umänderung das Snidersystem adoptirt. Die aus ihr hervor= gehenden Gewehre wurden in Frankreich gewöhnlich fusils à tabatière genannt, nach der Art der Oeffnung des Verschlusses.

Gleichzeitig ward beschlossen, eine erhebliche Anzahl sogenannter Mitrailleusen oder Kugelspritzen zu beschaffen, Revolvergeschütze, welche in innigster Verbindung mit der Infanterie agiren und ersetzen sollten, was dieser noch etwa an Feuergeschwindigkeit abginge.

Ein Konflikt mit Deutschland in nächster Zeit war eine Sache, welche das Kaiserreich als möglich stets im Auge behalten mußte. Die Erfolge der Preußen hatten in Frankreich eine wirkliche Be= unruhigung und Aufregung hervorgerufen. Es war den Franzosen schwer, einzusehen, daß jedes Volk, nicht bloß sie allein, das Recht habe, seine inneren Angelegenheiten selbständig und ohne fremden Einspruch zu ordnen. Der französischen Armee wollte es gar nicht in den Sinn, daß die Preußen sich erlaubt hatten, noch besser und schneller als sie selbst, die Oesterreicher zu schlagen. Der größte Theil der Presse schürte und hetzte in diesem Sinn. Es wurde gegen das Kaiserreich der Vorwurf der Kurzsichtigkeit angesichts der neuesten Vorgänge in Deutschland erhoben.

Allerdings unterschied man schon jetzt zwei Strömungen, wenn man deutlicher zusah: die eine ging hinaus auf die Einführung des parlamentarischen Regiments an Stelle des herrschenden cäsaristischen, die andere darauf, daß die kaiserliche Regierung durch glänzendes Auftreten gegen außen ihr Recht auf das Bestehen neu beweise.

Das Letztere mußte dem Kaiser und der imperialistischen oder cäsaristischen Partei als das Angenehmere erscheinen. Da selbst die parlamentarische Partei ihre Hauptargumente gegen den Cäsarismus den Mißerfolgen in der äußeren Politik entnahm, ward es dem Kaiserreich vielleicht doppelt möglich, durch das Aufsuchen eines äußern Konflikts und dessen glückliche Lösung Alle zu beruhigen und sich selbst zu behaupten.

Neben die Arbeiten für Reorganisation der Armee, für die neue Bewaffnung traten daher wieder diejenigen der Versammlung der vorhandenen, aber zersplitterten Streitkräfte auf Frankreichs Boden.

Aus Rom wurden die französischen Truppen schon in der Zeit vom 2. bis zum 12. Dezember 1866, um mehrere Monate früher, als es die Septemberkonvention von 1864 verlangte, zurückgezogen.

Was Mexiko betrifft, so hatte sich Napoleon dem sehr entschiedenen Auftreten der Regierung von Washington gegenüber schon vor dem Ausbruch des österreichisch-preußischen Krieges, Anfangs 1866 entschlossen, das französische Expeditionskorps in drei Abtheilungen, November 1866, März 1867 und November 1867 zurückzuziehn. Nach dem Kriege von 1866 entschloß er sich, das ganze Korps auf einmal in den ersten Monaten des Jahres 1867 nach Frankreich zurückkommen zu lassen. Er hätte es gern gesehn, wenn der unglückliche Kaiser Max diese Maßregel im Voraus gerechtfertigt hätte, indem er zuerst und vor dem Abzug der Franzosen seine Stellung aufgab, und ließ ihn in diesem Sinne nicht übel bestürmen.

. Allein der Habsburger war hartnäckig und ungefällig; er mußte dem Schicksal überlassen werden, welches ihn alsbald ereilte. Die Transportflotte, welche die Trümmer der Expedition aus Mexiko zurückholen sollte, verließ schon in den ersten Tagen des Decembers 1866 die französischen Häfen und brachte die traurigen Reste der französischen Armee von Mexiko im März 1867 nach Frankreich heim.

Rüstete sich Napoleon einerseits zum Kriege, so wollte er doch nach der zweihändigen Manier, die er seine ganze Regierung hindurch beobachtet hatte, auch zugleich für den Frieden arbeiten, den Parlamentariern eine gewisse Genugthuung verschaffen und sann deßhalb auf eine neue „Krönung des Gebäudes".

An dieser neuen Krönung des Gebäudes war Herr Emil Ollivier nicht ganz unschuldig, ein Mann, der im Jahre 1870 eine höchst unglückliche Rolle gespielt hat, welche Gegenstand unserer späteren Auseinandersetzungen sein wird, welcher zuerst durch Herrn von Morny, späterhin viel intensiver durch den Grafen Walewski für die Unterstützung des „liberalen" Kaiserreichs gewonnen ward.

Am 19. Januar 1867 schrieb der Kaiser an seinen Rede-

minister, Herrn Rouher, einen zur Veröffentlichung bestimmten
Brief, in welchem er auseinandersetzte, daß es ihm jetzt möglich
scheine, den Institutionen des Kaiserreichs jede Entwicklung zu
geben, deren sie fähig sind.

· Europa erwartete Wunder. In der That reduzirten sich diese
Wunder auf so gut als nichts. Es sollte fortan den Mitgliedern
des Senats und des gesetzgebenden Körpers erlaubt sein, was
ihnen bis dahin verboten war: Interpellationen an die Regierung
zu stellen. Dagegen sollte die Adresse auf die Thronrede und
deren Diskussion abgeschafft werden. Böse Menschen behaupteten,
daß dem Kaiser dieses die Hauptsache gewesen sei, weil er eine
Diskussion seiner Politik in Mexiko und gegenüber Deutschland
fürchtete und daß er nur nicht gewagt habe, die Abschaffung der
Adreßdebatte einfach ohne einen Ersatz zu dekretiren, daß deßhalb
die Zulassung der Interpellationen ausgesprochen worden sei.
Ferner sollte nicht mehr ein besonderer Redeminister existiren,
sondern jeder Ressortminister sollte seine Angelegenheiten vor den
Kammern vertreten, wohl verstanden ohne Verantwortlichkeit, welche
nach wie vor dem Kaiser blieb. Schließlich wurden freiere Gesetze
über die Presse, Vereine und Versammlungen in Aussicht gestellt.

Der Form wegen mußte bei dieser Veränderung der Verhältnisse das alte Ministerium abbanken; das neue ward
im Wesentlichen mit den alten Personen konstituirt. Die bedeutendste Veränderung, welche vorging, war die, daß an der Stelle
des etwas bequemen und zum Reden nicht besonders aufgelegten
Marschalls Randon jetzt der thätige und zugleich des Wortes
vollkommen mächtige Marschall Niel das Kriegsministerium übernahm. Der Marschall Niel ergab sich mit dem größten Eifer sofort
den Rüstungen für einen nahen Krieg. Und in der That
schwebte ein solcher bereits in der Luft.

Es handelte sich um das Großherzogthum Luxemburg. Nach den Verträgen von 1814, 1815 und 1816 gehörte dasselbe dem König der Niederlande und zugleich dem deutschen Bunde an; Preußen hatte in der Hauptstadt, der Festung Luxemburg, das Besatzungsrecht. Nachdem sich 1830 die südlichen Provinzen des Königreichs der Niederlande von diesem losgerissen und als selbstständiges Königreich Belgien konstituirt hatten, ward 1839 auch eine Theilung des Großherzogthums Luxemburg von den europäischen Mächten gutgeheißen und der westliche Theil desselben zu Belgien geschlagen, während die Stellung des östlichen Theils einerseits zu Holland, andererseits zum deutschen Bunde dieselbe blieb. Auch das Besatzungsrecht Preußens in der Festung Luxemgurg ward durch diese Theilung des Großherzogthums nicht im mindesten berührt.

Als Preußen dem alten deutschen Bund seine Theilnahme an demselben im Juni 1866 aufkündigte, ward die Frage angeregt, wie es nun ferner mit dem preußischen Besatzungsrecht in der Festung Luxemburg gehalten werden solle. Preußen blieb auf demselben bestehen, da es durch besondere Verträge ganz unabhängig von der Zugehörigkeit Luxemburgs zum deutschen Bund festgestellt und geregelt worden war.

Es behielt seine Besatzung in Luxemburg, auch als durch den Prager Frieden die Zusammengehörigkeit des Großherzogthums mit den neuen Schöpfungen in Deutschland faktisch aufgehoben war. Dagegen machte es keine Anstalten, das Großherzogthum etwa in den norddeutschen Bund hineinzuziehn.

Dem holländischen Volke hat niemals etwas an dem Besitze des Großherzogthums gelegen, auch dem König von Holland, Wilhelm III., lag nichts daran, und er ging mit großem Vergnügen auf eine von der Umgebung des Kaisers Napoleon

angeknüpfte Intrigue ein, zufolge welcher er für die Abtretung
Luxemburgs an Frankreich eine beträchtliche runde Summe für
seinen stets des Zuflusses bedürftigen Privatschatz gewinnen sollte.
Die geheimen Unterhandlungen zwischen dem König von Holland und dem französischen Kabinet waren Ende März 1867 so
weit gediehen, daß man sie nunmehr offiziell betreiben konnte.
Von französischer Seite ward gewünscht, daß sie so lange vor
Preußen geheim gehalten würden, bis die Abtretung Luxemburgs
an Frankreich als vollendete Thatsache hingestellt werden könne.
Allein der König von Holland ward in dieser Beziehung von
Bedenken bewegt und an dem gleichen Tage, an welchem er
offiziell nach Paris telegraphirte, daß er zur Abtretung Luxemburgs an Frankreich entschlossen sei, gab er auch dem preußischen Gesandten im Haag von diesem Entschlusse Kunde.

Nun kam es naturgemäß auch zu Verhandlungen mit Preußen
und dieses wendete sich sofort an die Theilnehmer und Garanten
der Verträge von 1839, auf Grundlage deren das moderne Königs-
reich Holland existirte.

Die öffentliche Meinung in Deutschland entrüstete
sich sehr darüber, daß Luxemburg — ein altes deutsches Reichs-
land —, an Frankreich überlassen werden sollte und am 1. April
1867 ward die Angelegenheit durch eine Interpellation des Herrn
von Benningsen vor den norddeutschen Reichstag gebracht.
Der trockene Hannoveraner strengte seine Gefühle über Gebühr an.
Graf Bismark antwortete ihm mit Behagen. Er sah die Interpellation nicht ungern, lehnte es aber ab, sich in dem gleichen
Maße zu erhitzen, wie der Interpellant und begnügte sich damit,
den Ausdruck der öffentlichen Meinung Deutschlands im Reichstage sich als eine kühle Wappenrüstung gegen Frankreich anzueig-
nen. Militärische Vorbereitungen wurden von beiden

Seiten getroffen; indessen ward der Krieg glücklich vermieden. Frankreich fühlte sich für den Augenblick nicht stark genug; die französische Regierung begann alsbald die Sache mit Vorsicht zu behandeln, und die Intervention der europäischen Mächte fand daher bald den Boden für eine friedliche Vermittlung.

Diese erhielt ihren Ausdruck in den Londoner Konferenzen, welche schon am 11. Mai zu dem erwünschten friedlichen Resultate führten.

Laut dem am 31. Mai 1867 ratifizirten Londoner Vertrag blieb das Großherzogthum Luxemburg bei dem bisherigen Nassau-Oranischen Herrscherhause und ward unter der Kollektivgarantie aller vertragschließenden Mächte, nur mit Ausnahme Belgiens, welches selbst des Vortheils der europäischen Neutralität genießt, für einen neutralen Staat erklärt. In Folge davon hörte die Stadt Luxemburg auf eine Festung zu sein und Preußen zog seine Garnison aus derselben, während es der König-Großherzog übernahm, die Werke schleifen zu lassen. Das Verhältniß Luxemburgs zum deutschen Zollverein ward durch den Londoner Vertrag nicht berührt.

Es ist nicht zu läugnen, daß in der französischen Hofpartei große Neigung herrschte, die Luxemburger Frage als Kriegsanlaß zu benutzen. Der Kaiser Napoleon selbst zeigte dazu geringe Lust, wenn auch nur, weil er damals die Einsicht hatte, daß die französischen Streitkräfte den geeinigten Deutschen nicht gewachsen seien.

Auch in Deutschland erhoben sich Stimmen, welche die Nachgiebigkeit Preußens in dieser Angelegenheit verurtheilten. Man sprach von der Aufopferung deutschen Landes, der Aufopferung eines Bollwerks Deutschlands. Hohle Phrasen für jeden, der gründlich die Verhältnisse kannte und sie politisch und militärisch richtig anschaute. Es ward auch gesagt: der Krieg zwischen Frankreich und Deutschland sei doch auf die Dauer nicht zu vermeiden; jetzt sei Deutschland stark und militärisch entschieden überlegen; man hätte die günstige Gelegenheit benutzen sollen; wer wisse, wie in einem späteren Moment die Dinge sich gestalten würden.

Graf Bismark hielt jedenfalls einen Krieg zwischen Deutschland und Frankreich für ein großes europäisches Unglück, wie immer derselbe ausfallen möge, wer immer in demselben Sieger bleiben möge. Alle weitersehenden Männer theilten seine Meinung. Bismark war der Ansicht, daß es mindestens darauf ankomme diesen Krieg hinauszuschieben. Wer wollte im Voraus sagen, welche Verhältnisse sich in Frankreich nach dem Tode des Kaisers Napoleon entwickeln würden. Konnten sie nicht etwa der Art sein, daß dann der bis zu diesem Zeitpunkt hinausgeschobene Krieg überhaupt überflüssig ward? Eine solche Hoffnung war es wohl werth, daß man das sehr zweifelhafte Luxemburg opferte, wenn dieser Ausdruck einmal zugelassen werden soll, zumal in den Formen und unter den Bedingungen, wie dies geschah. Je weniger Deutschland zu dem unglückseligen Kriege mit Frankreich trieb, desto einiger, desto stärker mußte es in demselben erscheinen, wenn es muthwillig von der andern Seite in denselben hineingezogen ward. Dies war mit Bestimmtheit vorauszusehen.

Man sagte auch: Frankreich werde die Nachgiebigkeit Deutschlands in der Luxemburger Frage für Furcht nehmen und dadurch desto kriegslustiger werden. Bei der oberflächlichen Kenntniß, die in Frankreich im Allgemeinen über deutsche Verhältnisse verbreitet ist, konnte dies ganz wohl möglich sein. Allein

ein Staatsmann darf sich in seinem Wirken durch die Eitelkeit, nicht für furchtsam zu gelten, keinenfalls bestimmen lassen.

Das ruhige und bis zu einer nicht zu überschreitenden Grenze hin nachgiebige Verhalten Bismarks in der Luxemburger Angelegenheit wird stets eines der schönsten Blätter in der politischen Geschichte dieses Staatsmannes füllen, und keiner der Männer, welche in den Jahren von 1866 bis 1870 für die Versöhnung der beiden Nationen, von denen die Kultur des heutigen Europas getragen wird, für das Hinausschieben des unglückseligen Krieges unverdrossen gearbeitet haben, wird dies jemals zu bereuen haben, was immer die Franzosenfresser und die Deutschenfresser von Profession von ihnen denken und sagen mögen. Hoffen wir, daß in einigen Jahrzehnten die beiden großen Nationen Namen wie Cassagnac, Emile de Girardin oder Menzel und Heinrich Leo nur mit Erröthen aussprechen werden!

2. Die Entwicklung der anticäsaristischen Tendenzen in Frankreich während der Jahre 1867 bis 1870.

Nach der Beseitigung der Luxemburger Frage wendete sich die öffentliche Meinung in Frankreich immer mehr von dem Wege zum Ruhme, der ihr von den Hofkreisen angewiesen werden wollte, ab und den Tendenzen auf die Begründung der Freiheit im Innern Frankreichs zu.

Die Geschichte der äußern Politik kam dieser neuen Richtung zu Hülfe.

Das mexikanische Drama endete am 19. Juni 1867 mit der standrechtlichen Erschießung des Kaisers Maximilian zu Queretaro. Der Kaiser von Frankreich hatte den armen Romantiker nach Mexiko gelockt und ihn dann schnöde im Stich gelassen. Das ganze intelligente Frankreich fühlte, daß es durch diese Vorgänge an seiner Ehre angegriffen sei und die schwache, unterdrückte Opposition, welche stets, von Anfang an, die mexikanische Expedition zu Gunsten eines jüdischen Wucherers und seiner hohen Helfershelfer verdammt hatte, konnte nun mit dem größesten Rechte behaupten, daß diese unglückliche Expedition niemals unternommen sein würde, wenn an der Stelle des nominell verantwortlichen, faktisch unverantwortlichen, Cäsars eine parlamentarische Regierung gestanden hätte.

Im November 1867 zwangen der garibaldische Aufstand zur Befreiung Roms und das zweideutige Benehmen der italienischen Regierung den Kaiser Napoleon, die französischen Truppen, welche er kaum auf Grund der Septemberkonvention von 1864 aus dem Kirchenstaat zurückgezogen hatte, wiederum dorthin zu senden. Die Chassepots thaten im Treffen von Mentana gegen die braven, aber schlecht organisirten und noch schlechter bewaffneten Freischaaren Garibaldis Wunder. Die Umstände hatten den Kaiser Napoleon gezwungen; jeder gerechte Mann muß das zugeben. Aber auch mit Recht behauptete die französische Opposition, daß die ganze Politik, welche Frankreich in Italien beobachtet hatte, von 1849 ab eine falsche und daß sie unmöglich gewesen wäre, hätte Frankreich nicht in den Banden des Cäsarismus gelegen.

Nach dem Siege von Mentana wünschte Napoleon einen europäischen Kongreß, welcher ihn von der römischen Last befreien sollte. Die Mächte Europas hatten aber keine Neigung, sich nur zum Vergnügen des Kaisers Napoleon und ohne vorgängige Garantieen, daß durch ihn etwas allgemein Nützliches erreicht werde, auf diesen Kongreß einzulassen und derselbe kam deshalb nicht zu Stande. Ein neues Mißlingen, welches der kaiserlichen Regierung in das Schuldbuch geschrieben ward.

Dann kam im September 1868 die spanische Revolution,

durch welche die Königin Isabelle ihres Thrones verlustig ward; es kam der Konflikt Griechenlands mit der hohen Pforte, der freilich seine Ausgleichung fand; allein bei beiden Gelegenheiten erntete die kaiserliche Regierung keine Lorbeeren und die offene Parteinahme für die Leiden der Königin Isabelle am kaiserlichen Hofe mußte nothwendig die Waffen der Opposition schärfen.

Neben dem, was aller Welt sofort bekannt ward, lief Geheimes nebenher, welches nur in den Hofkreisen bekannt war und erst später öffentlich ausgeläutet werden sollte. Mit diesen geheimen Intriguen war das Kaiserreich um nichts glücklicher.

Nachdem der Plan, Frankreich und die Welt mit der Erwerbung Luxemburgs für das erstere plötzlich zu überraschen, gescheitert war, hörte der französische Hof doch nicht auf, an Erwerbungen im Norden zu denken, welche das ruhm- oder freiheitsbedürftige Volk Frankreichs zunächst von seiner Richtung auf die Wiedererwerbung der Freiheit ablenken sollten.

Graf Benedetti, der französische Gesandte in Berlin, hatte nach der Lösung der Luxemburger Frage häufige Unterhaltungen mit dem norddeutschen Bundeskanzler. Bismark beobachtete bei denselben eine vorzugsweise passive Haltung. Der Kern der Sache, um welche diese Unterhaltungen sich drehten, war der, daß Frankreich und Norddeutschland eine Offensivallianz schließen sollten zu dem Zwecke, Frankreich die Erwerbung Luxemburgs und Belgiens zu sichern und die Hindernisse zu entfernen, welche dem Eintritt der süddeutschen Staaten in den norddeutschen Bund gegenüberstehen möchten.

Noch im Laufe des Jahres 1867 beging Benedetti die Naivetät, einen Vertragsentwurf in dem gedachten Sinne mit eigner Hand aufzusetzen und denselben in den Händen des norddeutschen Bundeskanzlers zu lassen, damit derselbe ihn mit dem König

Wilhelm von Preußen erwäge. Bismark verschmähte es, um seiner Grundansicht entsprechend, den Krieg hinauszuschieben, durchaus nicht, diesen Vertragsentwurf zu debattiren, hob ihn aber auch als schätzbares Material sorgfältig auf, um ihn bei passender Gelegenheit zu verwerthen und redete zu anderen Leuten vorläufig kein Wort davon, weil es ihm nicht darauf ankam, einen Krieg· mit Frankreich zu provoziren.

Als sich Bismark den Plänen der französischen Hofpartei gegenüber, Erwerbungen im Norden mit Unterstützung Preußens zu machen, einigermaßen harthörig erwies, wurden diese Plane doch keineswegs aufgegeben, sondern es ward daran gedacht, dieselben auf einem Umwege auszuführen, auf die Gefahr hin, daß derselbe einen Krieg gegen Deutschland, — oder lieber gegen Preußen allein im Gefolge habe.

Die Hofpartei sann nun darauf, die kleineren Grenzländer Frankreichs, Belgien, Schweiz und Holland in ähnlicher Weise durch Handels- und Verkehrsverträge von Frankreich abhängig zu machen, wie es durch den Zollverein Süddeutschland von Norddeutschland war. Die gründlichere Annexion passender Theile dieser Länder sollte dann dem günstigen Momente vorbehalten bleiben. Da insbesondere Belgien und die Schweiz durchaus keine Willfährigkeit zeigten, sich von Frankreich umgarnen zu lassen, so mußte bei den einschlagenden Verhandlungen einerseits die größeste Vorsicht beobachtet werden, und andererseits mußte dennoch dabei auf einen möglichen kriegerischen Konflikt mit dem scharf observirenden Preußen Rücksicht genommen werden.

Im Januar 1868 unterhandelte die französische Ostbahngesellschaft mit der Gesellschaft der luxemburgischen Wilhelmsbahn über einen Verkauf dieser letzteren an die erstere. Falls der Verkauf nicht zugestanden werden sollte, wollte die französische Gesellschaft auch mit einer Pachtung zufrieden sein.

Im September 1868 ward Herr de la Guerronière, ein eifriges Mitglied der französischen Hof- und Kriegspartei als Gesandter nach Brüssel gesendet, und bald darauf, im Dezember desselben Jahres, vernahm man von verdächtigen Unterhandlungen der französischen Ostbahngesellschaft mit den belgischen Gesellschaften des Grand Luxembourg und von Lüttich-Limburg.

Die Basis dieser Unterhandlungen war folgende: die belgischen Bahnen sollten an die französische Ostbahngesellschaft verkauft oder mindestens verpachtet werden; die der französischen Ostbahn gewährte Zinsgarantie sollte von der französischen Regierung auch den von der Ostbahngesellschaft zu erwerbenden belgischen Bahnen geleistet werden.

Für die belgischen Eisenbahngesellschaften wäre das Geschäft durchaus kein übles gewesen, auch aus allgemein wirthschaftlichem Standpunkte erschien es nicht verwerflich, da es nothwendig den Verkehr im östlichen Frankreich, von Holland bis zur Schweiz erleichtern mußte, wenn es zu Stande kam.

Allein dem belgischen Volke gefiel dieses Geschäft durchaus nicht. Die großen Aktiengesellschaften haben, in den kleinen Ländern besonders, ohne allen Zweifel einen Einfluß erlangt, welcher die Staatsgewalt gerade in ihren wohlthätigsten Aeußerungen beschränkt. Dieser Einfluß in Belgien sollte durch die entworfenen Verträge nun der französischen Ostbahngesellschaft überlassen werden, und hinter dieser Gesellschaft stand anerkannter Maßen die französische Staatsregierung. Das belgische Volk sah daher in den projektirten Verträgen den ersten Schritt zu einer vollkommenen Annexion Belgiens an Frankreich und lehnte sich mit großer Entschiedenheit dagegen auf.

Die belgische Regierung befand sich in dieser Beziehung in vollständiger Uebereinstimmung mit dem Volke, und am 23. Februar 1869 konnte sie ein Gesetz verkünden, welches die Ausführung von Verträgen zwischen Aktiengesellschaften ohne Genehmigung des Staates, also die Uebertölplung des Staates in dieser Weise unmöglich machte.

In Frankreich erhob sich — auf Anstiften der Hofpartei — hierüber ein großes Geschrei, als geschehe dem Kaiserreich das größte Unrecht und es ward in den Pariser Blättern behauptet, daß hinter dem erwähnten Gesetz Bismarck stecke.

Darüber wurden Unterhandlungen zwischen Frankreich und Belgien angeknüpft. Die Belgier sagten, wenn durch die beabsichtigten Verträge zwischen den belgischen und französischen Eisenbahnen wirklich kein anderes Ziel erreicht werden solle, als das der Erleichterung des internationalen Verkehrs, so könne dasselbe auf eine einfachere Weise erreicht werden, als durch den Verkauf oder die Verpachtung der belgischen Bahnen an die französische Ostbahn, nämlich durch eine Uebereinkunft über den Betrieb, ohne daß dieser unbedingt in französische Gewalt gegeben werde. Die Empfindlichkeit, welche darüber auf französischer Seite hervortrat und sich in verschiedenen Drohungen Luft machte, mußte nur doppelt die belgische Regierung zur Aufmerksamkeit und Vorsicht anregen. Der belgische Ministerpräsident und Finanzminister, Herr Frère-Orban kam behufs der Unterhandlungen selbst nach Paris. Ehe man noch zu einem Resultate gelangt war, rückte die Zeit der Wahlen von 1869 heran. Der Kaiser, der glaubte, daß diese genug zu schaffen geben würden, schlug sich persönlich ins Mittel, die Frage wurde vertagt und als sie dann später wieder aufgenommen ward, durch eine Betriebsübereinkunft ungefähr im belgischen Sinne in sehr zahmer Weise entschieden.

Wie man sieht, waren die äußeren Verhältnisse und die äußeren Anhändeleien durch ihre Gestaltung und ihren Verlauf wenig geeignet, Frankreich von den innern Fragen abzulenken.

Nachdem anfangs 1868 das neue Wehrgesetz zu Ende berathen worden war, kamen ein neues Preßgesetz und ein neues Gesetz über die Vereine und Versammlungen an die Reihe; das erstere ward am 11. Mai, das letztere am 6. Juni verkündet. Beide Gesetze wimmelten von drakonischen Repressionsbestimmungen; dennoch ließen sie einigen weiteren Spielraum als die früheren. So war in dem Preßgesetz die frühere Bestimmung, wonach die Herausgabe eines jeden Journals von einer Regierungskonzession abhängig gemacht war, beseitigt. Jedermann konnte nun auf sein Risiko ohne Weiteres ein Journal herausgeben, Jedermann hatte das Recht erhalten, sich durch die Presse auf eigne Hand materiell zu ruiniren.

Das praktische Ziel, welches sich die neubegründeten Journale steckten, war die Vorbereitung auf die Wahlen zum gesetzgebenden Körper, dessen Legislaturperiode 1869 zu Ende ging. Die neue Presse ward alsbald zu einem guten Theil im gerichtlichen, sowie im Verwaltungswege entschieden verfolgt, ohne sich indessen dadurch sonderlich abschrecken zu lassen.

Seit dem Beginne des Jahres 1868 tritt vor Allem die Bildung einer bedeutenden Partei hervor, welche sich gegen das persönliche Regiment, also für die Herstellung einer parlamentarischen Regierung erhob. Die Ansichten dieser Partei wurden keineswegs blos von Gegnern der Napoleonischen Dynastie, sondern auch von entschiedenen Anhängern derselben getheilt. Wiederholte Krankheiten des Kaisers ließen die Frage immer wichtiger werden, was nach dem Tode Napoleons III. eigentlich werden solle. Es blieb dann übrig die Kaiserin

Eugenie, eine gutmüthige, aber ziemlich beschränkte Frau, welche sich eigensinnig an die Prärogative der Krone klammerte, welche als das eigentliche Haupt derjenigen Hofpartei zu betrachten war, die im Glanze äußerer Unternehmungen den dynastischen Schimmer immer wieder aufzufrischen hoffte, welcher endlich hauptsächlich die Schuld an dem schmählichen Wuchern des klerikalen Elementes und damit an dem thörichten Widerstande gegen jede vernünftige Bildung der Massen zuzuschreiben war; — es blieb ferner, wenn der Kaiser bald starb, ein minderjähriger Knabe, von dessen Anlagen und Neigungen noch gar nichts zu sagen war, von dem man nur wußte, daß er kränklich war und schlecht erzogen ward, — es blieb dann der Prinz Jerome Napoleon, welcher trotz seines Bonaparte-Gesichtes sich weder beim Volk noch bei der Armee einiger Achtung erfreute, ganz abgesehen von der Civilfamilie des Kaisers, welche nicht aufhörte, demselben durch ihr Verhalten Kummer und Sorge zu bereiten.

Welche von diesen Persönlichkeiten sollte denn etwa nach dem Tode des Kaisers in dessen Sinn das persönliche Regiment fortsetzen? War es nicht besser, bei Zeiten an eine solche Aenderung der Regierungsform zu denken, welche nicht ohne Weiteres zu einem gar zu nahen Hinschauen auf die regierenden Persönlichkeiten herausforderte?

Unter diesen Umständen war es natürlich, daß die Partei gegen das persönliche Regiment sich schnell verstärkte, wenn auch aus höchst verschiedenartigen Elementen zusammengesetzt.

Neben dieser Partei regte sich dann die republikanische, in der Presse hauptsächlich durch zwei neugegründete Journale vertreten, den ernsten „Reveil" von Ch. Delescluze und die „Laterne" des Grafen Heinrich Rochefort, welche besonders darauf ausging, das zweite Kaiserreich in den Persönlichkeiten lächerlich und verhaßt zu machen, es dadurch an der empfindlichsten Stelle traf und sich folglich auch der meisten und schärfsten Verfolgungen zu erfreuen hatte..

Eine große Demonstration am Grabe des republikanischen Deputirten Baudin, welcher am 3. Dezember 1851 auf einer Barrikade des Faubourg St. Antoine im Kampfe gegen den Staatsstreich gefallen war, die Aufforderungen zur Substription für ein Baudin zu errichtendes Denkmal, welche sich daran knüpften, führten am 18. Dezember 1868 zur Entlassung des Ministers des Innern, Pinard, welcher sich bei dieser Gelegenheit äußerst ungeschickt benommen hatte, sie führten außerdem zu Prozessen, in deren Verlauf das Kaiserreich unmöglich vermeiden konnte, daß es biskutirt werde, was ihm doch von allen Sachen die peinlichste war.

Vom Beginne des Jahres 1869 ab bereitete sich Alles zu den Wahlen in den gesetzgebenden Körper vor; die Republikaner hatten schon bedeutenden Zuwachs erhalten, indessen wußte jeder unbefangene Beobachter, daß die republikanische Partei keine große Rolle spielen könne. Anders verhielt es sich vorerst mit der Partei gegen das persönliche Regiment.

Die Regierung hatte allerdings durch das in Frankreich seit so lange herrschende System der Verwaltungszentralisation und der offiziellen Kandidaturen einen ungemeinen Einfluß auf die Wahlen, allein, da selbst die Anhänger der Dynastie aus Zweckmäßigkeitsrücksichten gegen das persönliche Regiment gestimmt waren, so durfte vorausgesehen werden, daß die Kammer, welche aus den Wahlen von 1869 hervorginge, wenn sie auch in der persönlichen Zusammensetzung von den andern nur wenig abweiche, doch eine ganz andere Stimmung mitbringen würde, als die früheren.

Am 28. April 1869 ward die Sitzung der alten Legislative

geschlossen und die Wahlen für die neue Legislaturperiode wurden auf den 23. und 24. Mai, nur für Korsika auf den 30. und 31. Mai angesetzt.

Augenblicklich begannen nun die Wahlkomités ihre offene Thätigkeit, und die Versammlungen zur Besprechung der Wahlen wurden berufen; bei diesen Versammlungen ließ man es sich angelegen sein, das neue Gesetz vom 6. Juni 1868 zu probiren, worüber es allerdings zu mancherlei Differenzen und selbst unbedeutenden Konflikten zwischen der Polizeigewalt und den Bürgern kam.

Im Ganzen gingen die Wahlversammlungen in ganz Frankreich, in den großen Städten und insbesondere in Paris mit großer Ruhe und Ordnung vor sich; ebenso die Wahlen. Im ersten Skrutinium kamen deren in Paris von den neun vorzunehmenden fünf zu Stande. Es waren gewählt der junge Advokat Gambetta, welcher sich durch seine heftigen Angriffe auf das zweite Kaiserreich bei Gelegenheit seiner Vertheidigungen in der Baudinaffäre rasch einen Namen gemacht hatte, Bancel, eben erst aus langem Exil zurückgekehrt, der echte Pariser Ernst Picard, der süße und seichte Humanitätsschwätzer Julius Simon und Pelletan.

Im zweiten Skrutinium am 6. und 7. Juni wurden gewählt Thiers, der berühmte Geschichtsschreiber der Revolution und des Kaiserreichs, gegen welchen die Regierung alle Minen spielen ließ, dermaßen daß sie, um in seinem Bezirk sich Stimmen zu gewinnen, sogar das dort kasernirte Gardegensdarmen-Regiment, welches bisher immer als Feldtruppe gegolten hatte, der Departementalgensdarmerie gleichstellte, — ferner Garnier Pagès, Julius Ferry und der schönredende Advokat Julius Favre.

Alle in Paris gewählten Kandidaten waren antiimperialistisch; aber von ausgesprochnen Republikanern war eigentlich nur einer,

Gambetta gewählt worden. Rochefort, für den sich eine starke Partei gebildet hatte, war trotzdem gegen Favre durchgefallen, und zwar hauptsächlich deßhalb, weil der eben neugegründete „Rappel", ein Organ der Gesellschaft Viktor Hugos die Wahl Rocheforts als absoluten Feindes Napoleons III verlangte. — Paris stimmte gegen das persönliche Regiment, aber es bewies sich durchaus nicht persönlich feindlich dem Kaiser Napoleon III.

Emil Ollivier hatte keine Wahl in Paris durchsetzen können, lediglich deßhalb, weil man ihn hier als Verräther an allen von ihm früher vertheidigten Ueberzeugungen betrachtete.

Auch die Tage des 6. und 7. Juni, des zweiten Skrutiniums, waren in Paris ruhig vorübergegangen. Vom 8. Juni ab begannen Emeuten. Sobald der Abend niedersank, begannen „Gruppenbildungen". Die Emeuten waren von Herrn Rouher und dem Polizeipräfekten Pietri arrangirt. Die Führer der Gruppen waren von Pietri engagirte Galgenvögel, etwa 300 an der Zahl. Für die Vergrößerung der Gruppen rechnete man auf die Neugierde des Pariser Publikums und mit vollem Recht. Als Brennpunkte des Skandals stellten sich alsbald zwei, die Gegend des Temple und des Boulevard Montmartre heraus. Gegen die Emeuten marschirten in den ersten Tagen die Truppen der Garde von Paris und die Stadtsergeanten, erst in den letzten Tagen Kavallerieabtheilungen der Linie, Husaren und Jäger zu Pferd, dann zwei von Versailles herbeigerufene Kürassierregimenter.

Am 11. Juni Nachmittags machte der Kaiser mit der Kaiserin eine Spazierfahrt im offenen Wagen über die Boulevards, am Abend desselben Tages rückten die Kürassiere von Versailles ein, und am 12. Juli hörten die Emeuten auf Kommando auf, wie sie auf Kommando angefangen hatten.

Zweck des Arrangements war gewesen, dem guten Bürger

Schrecken vor „ſchlechten Wahlen" und deren Folgen ein-
zuflößen und dieſer Zweck war ziemlich vollſtändig erreicht. Am
8. und 9. Juni verließen 40000 Fremde Paris, welche theils dorthin gekommen waren, um Geſchäfte zu machen, theils, und in
größerer Zahl, um ſich zu amuſiren, und welche durchaus keine
Luſt hatten, ſich ſtatt deſſen von den Stadtſergeanten über den
Schädel hauen zu laſſen. Handel und Verkehr ſtockten. Abgeſehen
von der Abreiſe dieſer 40,000 Fremden, welche viel zu verdienen
gaben, wurden auch um 9 Uhr die Paſſagen an den Boulevards
geſchloſſen, die Kaffees ausgeräumt. Zerſtörungen aller Art waren
von den engagirten Soldaten des Herrn Pietri vollzogen worden.
Der handeltreibende Bürger von Paris hatte begriffen, — nicht
die Wahrheit, — aber gerade das, was er begreifen ſollte und
war ganz bereit, perſönlich gegen ſolche Emeuten aufzutreten. —
Während aller dieſer Emeuten iſt k e i n Schuß gefallen, es iſt
k e i n Sammelruf laut geworden; es iſt k e i n e Barrikade errichtet
worden, es iſt nicht der Ruf: nach den Tuilerieen! erſchallt, obgleich
doch der Boulevard Montmartre von denſelben nicht ſehr entfernt
iſt. Wir erwähnen dieſer Dinge nur, weil es immer noch Leute
giebt, welche die Emeuten vom Juni 1869 für eine republikaniſche
Bewegung halten und nicht daran glauben wollen, daß ein ſolcher
Standal eine reine Polizeiaffaire ſein könne. Die Emeuten waren
nichts anderes, als eine ſolche.

Viele Verhaftungen waren vom 8. bis 12. Juni 1869 vorgenommen worden; der größte Theil der Verhafteten ward binnen
24 Stunden entlaſſen, ſich der übrigen zu entledigen, gab der
Napoleonstag vom 15. Auguſt und die mit ihm verbundene her-
kömmliche, allgemeine Amneſtie Veranlaſſung. Nur einige arme
Teufel, um die ſich kein Menſch kümmerte, wurden zurückbehalten
und ihnen ward im Herbſt ein Prozeß gemacht, der den Geiſtes-

armen zeigen sollte, daß wirklich im Juni die kaiserliche Regierung ein Recht gehabt habe, gegen „Emeuten" einzuschreiten.

Unter den in ganz Frankreich gewählten 293 Deputirten gehörten etwa 100, ein gutes Drittel, und mehr, als man Anfangs gehofft hatte, den verschiedenen oppositionellen Richtungen an. Wichtiger noch war es, daß die Regierung an einzelnen Punkten es gar nicht gewagt hatte, offizielle Kandidaten aufzustellen, und daß sie an andern es vorgezogen hatte, die offiziellen Kandidaten unter der Maske von sogenannten „Unabhängigen" auftreten zu lassen, welche sich gar nicht genirten, in ihren Wahlreden die Kaiserliche Regierung oft und scharf zu verläugnen.

Am 28. Juni 1869 ward die neue Legislative mit einer möglichst nichtssagenden Rede des Ministerpräsidenten Rouher eröffnet. Die Sitzung, welche am 28. Juni begann, sollte lediglich den Wahlprüfungen und der Konstituirung der Kammer gewidmet sein.

Erst nach Beendigung der Wahlprüfungen konnten diejenigen Deputirten, welche in 2 oder 3 Bezirken gewählt waren, sich für den Bezirk entscheiden, dessen Wahl sie annehmen wollten, und darauf erst konnten die nothwendigen Nachwahlen stattfinden.

Die Opposition in der Kammer war mit der Absicht der Regierung, daß die jetzige Sitzung mit den Wahlprüfungen abschließen solle, gar nicht einverstanden und namentlich war es der „Tiers parti", welcher sich regte. Diese Partei war die gemäßigte Opposition, welche das Kaiserreich mit parlamentarischen Formen wollte, ihre Mitglieder waren meist solche, welche als „unabhängige" Kandidaten bei den Wahlen aufgetreten waren, ohne darum zu den „Unversöhnlichen" zu zählen.

Die einzelnen Nuancen des Tiers parti hatten höchst verschiedenartige Meinungen darüber, wie weit die kaiserliche Macht-

vollkommenheit eingeschränkt und der parlamentarische Einfluß ge-
hoben werden solle. Aber über die Nothwendigkeit der konstitutionellen Beschränkung waren alle einverstanden. Alle kamen über
eine Interpellation überein, welche in diesem Sinne an die Regierung gerichtet werden sollte und welche bald 116 Unterzeichner fand.

Der Kaiserlichen Regierung war mit dieser Interpellation
gar nicht gedient, und da Schmeicheleien und Drohungen auf die
Interpellanten nicht wirkten, entschloß sich der Kaiser zu einem
seiner Meinung nach heroischen Mittel.

Er ließ am 12. Juli 1869 vom Staatsminister Rouher dem
gesetzgebenden Körper eine Botschaft vorlesen, in welcher er ankün-
digte, welche Reformen er zu bewilligen gedenke. Es ist uns
unmöglich, hier genauer auf diese Botschaft einzutreten. Es wird
genügen, daß wir bemerken, daß diese Reformen durchaus nichts-
sagend waren. Ausdrücklich sagte der Kaiser, daß seine Konzessionen
die ihm vom französischen Volk durch das Plebiszit vom Dezember
1851 übertragene Prärogative durchaus nicht berühren durften,
daß er an diesen Prärogativen festhalten werde.

Der Senat sollte die Kaiserlichen Vorschläge prüfen und
ein Senatuskonsult sollte ihnen die verfassungsmäßige Weihe
geben. Von ihrer Bestätigung durch ein Plebiszit war diesmal
nicht die Rede.

Da das heroische Mittel nur auf einen sehr kleinen Theil
der Interpellanten wirkte, welcher seine Unterschriften zurückzog,
da die Masse der Interpellanten erklärte, daß sie nach der kaiserlichen Botschaft doppelt an ihrer Absicht festhalten müsse, so ward
in kaiserlicher Laune am 13. Juli der gesetzgebende Körper
vertagt, obgleich noch 58 Wahlprüfungen zu erledigen blieben,
der Senat ward auf den 2. August zur Prüfung der vor-

geschlagenen Verfassungsveränderungen einberufen, und das Ministerium gab zu gleicher Zeit seine Entlassung ein.

Am 17. Juli Morgens war das neue Ministerium konstituirt. Zufolge den von diesem Tage datirten Dekreten ward das
bisherige Staatsministerium (Redeministerium) gänzlich aufgehoben,
Herr R o u h e r aber, welcher dasselbe bis jetzt versehen hatte, ward
zum Senatspräsidenten ernannt, bewahrte also um so mehr
eine einflußreiche Stellung, als gerade dem Senat die Berathung
der am 12. Juli vorgeschlagenen Verfassungsänderungen übertragen war.

Von den alten Ministern blieben fünf im Amt: der Mar-
schall N i e l für den Krieg, der Admiral R i g a u l t b e G e n o u i l l y
für die Marine und die Kolonieen, die Herrn F o r c a b e b e l a
R o q u e t t e für das Innere, M a g n e für die Finanzen, G r e s s i e r
für die öffentlichen Arbeiten.

Neu ernannt wurden die Herren D u v e r g i e r für die Justiz
und den Kultus, — Prinz L a t o u r b ' A u v e r g n e für die auswärtigen Angelegenheiten, — B o u r b e a u für den öffentlichen Unterricht, — Alfred L e r o u r für Handel und Ackerbau, — Marquis
C h a s s e l o u p - L a u b a t für das Präsidium des Staatsraths.

Unter den neu ernannten Ministern waren zwei, Bourbeau
und Leroux, welche zugleich dem gesetzgebenden Körper angehörten.
Die bisherige Inkompatibilität des Ministers und Deputirten war
faktisch aufgehoben.

Das neue Ministerium war wesentlich friedlich. Immer mehr
hatte sich auch die öffentliche Meinung von den Kriegsgedanken
ab und der Erringung der innern Freiheit zugewendet.

In Paris wollte man sich einreden, daß die Vertagung des
gesetzgebenden Körpers nur einige Tage dauern werde. Die kaiserliche Absicht war eine durchaus andere.

Am 2. August trat der Senat zusammen, um die ihm vor-
gelegten Verfassungsveränderungen zu berathen, welche von den
Herren Rouher und Duvergier als natürliche Ausflüsse des
Urgedankens dargestellt wurden, den Napoleon III. mit dem Jahre
1848 gehabt und bebrütet hatte, Frankreich die Freiheit zwar in
homöopathischen Dosen, aber deßhalb nur desto sicherer zu geben.

Der vom Kaiser ernannte, auf jedes Mitglied mit 30,000 Fr.
dotirte Senat erwählte am 5. August 1869 eine Kommission zur
Vorberathung der kaiserlichen Vorlage. Der Senat sollte mit seinem
Konsult vor dem 15. August fertig sein, damit an diesem Tage,
dem Napoleonstage, der dieses Mal, als am hundertsten Geburts-
tage Napoleons I. besonders feierlich begangen werden sollte, das
neue freiheitliche Evangelium für Frankreich verkündet werden könne.

Allein der Himmel verfinsterte sich gerade für diesen Tag auf
allen Seiten. Die Senatoren arbeiteten gerade in diesen wichtigen
Stunden langsam; der Marschall Niel, welcher mit Beharrlich-
keit und unter schwierigen Umständen tapfer an der Organisation
der Armee gearbeitet hatte, welcher wünschte, daß von der Armee
bald möglichst Gebrauch gegen Deutschland gemacht werden möge,
— ein Wunsch, den wir nicht theilten, aber bei dem Standpunkte
des Marschalls uns leicht erklären können, — erkrankte schwer, und
schon am 8. August mußte man zugeben, daß er mindestens einige
Monate zu seiner Wiederherstellung bedürfen werde. Am 13. August
starb er. Der Kaiser selbst ward bedenklich krank und mußte sich
dieses Jahr im Lager von Chalons durch den kaiserlichen Prinzen
vertreten lassen, der durch sein frühreifes Auftreten keine besonderen Sympathieen erweckte.

Der Kaiser Napoleon ist Fatalist und nicht abgeneigt, arith-
metischen Propheten sein Ohr zu leihen. Diese hatten längst das
Jahr 1869 als ein fatales für die napoleonische Dynastie

bezeichnet. Die Rechnung wirkte nicht wohlthätig auf den Gesund=
heitszustand des Kaisers.

Am 15. August, der in Paris ziemlich traurig verlief, ward
eine große Amnestie erlassen, welche gelegentlich auch die unange=
nehme Geschichte der Juniemeuten im Wesentlichen aus der Welt
schaffte. Nach Ajaccio, wo zur Säkularfeier des angeblichen
Geburtstags Napoleons I. dessen Bildsäule enthüllt werden sollte,
mußte der Kaiser zu seiner Vertretung die Kaiserin Eugenie und
seinen Sohn senden.

Die andauernde böse Krankheit des Kaisers regte nicht bloß
die Börsen und Politiker Frankreichs, sondern die von ganz Europa
auf. Der Tod des Kaisers und was dann folgen solle, ward
schärfer ins Auge gefaßt, als es bisher geschehen war.

Der kaiserliche Senat aber war vielleicht am wenigsten erregt;
was so lange gegangen war, warum sollte das nicht auch bis
zum Tode der Senatoren fortgehn, die sämmtlich nicht mehr im
Jünglingsalter standen?

Der Senat schritt am 1. September 1869 zur General=
berathung des von seiner Kommission vorberathenen Konsults. Bei
dieser Gelegenheit hielt der Prinz Jerome Napoleon, welcher
voraussichtlich in dem Regentschaftsrathe dereinst die Hauptrolle zu
spielen hatte, eine Rede, durch welche er mit dem Senatskonsult
das ganze System der kaiserlichen Politik verdammte und die unbe=
dingte Rückkehr zur parlamentarischen Regierung verlangte.

Der Senat hatte am 6. September seine Berathung beendet
und am 8. September konnte der kranke Kaiser von St. Cloud
aus das Senatskonsult, ungefähr entsprechend seinen Vorlagen
verkünden. Am 10. September ließ er sich trotz seiner Krankheit
über die Boulevards fahren, um den Parisern zu zeigen, daß es
noch nicht allzubringend für sie sei, sich mit der Regentschaftsfrage

zu beschäftigen. An demselben Tage aber trat der Prinz Napoleon eine Reise an, die er ohne Zweifel hätte aufschieben können, ohne großen Schaden zu stiften.

Die Unzufriedenheit der Gemäßigten gerade mehrte sich von Tage zu Tage. Die gemäßigten Oppositionellen, die dynastischen Parlamentarier hatten geglaubt, daß die Vertagung des gesetzgebenden Körpers nur einige Tage dauern werde, bis das neue Ministerium konstituirt sei. Da aber auch nach der Verfertigung des Senatus-konsults vom 6. September von einer Wiedereinberufung des gesetzgebenden Körpers gar nicht die Rede war, so schlug Herr von Keratry vor, derselbe solle am 26. Oktober, auf die bestehende Verfassung gestützt, aus eigner Machtvollkommenheit zusammentreten, indem man die am 28. Juni eröffnete Session, in welcher ja nicht einmal die Wahlprüfungen beendet waren, gar nicht rechnete. Dieser Vorschlag ward Anfangs mit großem Beifall aufgenommen, allein im Lauf der Zeit wies die Opposition immer mehr Abtrünnige auf, besonders seitdem die Regierung durch ein Dekret vom 2. Oktober Senat und Legislative auf den 29. November berufen hatte, zu einer Sitzung, die als außerordentliche bis zur Beendigung der Wahlprüfungen behandelt, dann sofort in eine ordentliche verwandelt werden sollte.

Trotzdem traf die Regierung militärische Vorsichtsmaßregeln im größten Maßstabe für den 26. Oktober. Der 26. Oktober verlief lächerlich ruhig. Die Linke benahm sich in dieser ganzen Zeit sehr schlecht; den Vergnügungen hingegeben, schob sie allerlei Vorwände vor, um nicht auf ihrem Posten zu erscheinen.

Am 21. und 22. November fanden die Nachwahlen für den gesetzgebenden Körper statt; von den vieren, welche in Paris noch ausstanden, nachdem Gambetta, Bancel, Picard und Julius Simon sich für die Annahme ihrer Mandate in den Departements erklärt

hatten, kamen am 22. November drei zu Stande. Es wurden gewählt Rochefort, der persönliche Feind der Dynastie, Crémieux
und Emanuel Arago. Im nachfolgenden Wahlgang am 6.
und 7. Dezember 1869 ward dann im 4. Pariser Bezirke der
alte Glais-Bizoin gewählt, ein Parlamentarier, aber nicht
minder unerbittlicher Feind Napoleons III. als Rochefort.

Auch diese Wahlen verliefen ganz ruhig. Die Rede, mit
welcher Napoleon III. am 29. November 1869 Senat und gesetzgebenden Körper eröffnete, war trotz eingemischter stolzer und hoch-
tönender Phrasen kleinlaut. Das Vertrauen in die Majorität des
gesetzgebenden Körpers hatte der Kaiser gründlich verloren; wie
absolut unbedeutend sein Ministerium vom 17. Juli war, wußte
er besser, als sonst Jemand. Die Kaiserin Eugenie war bei der
Eröffnung der Kammern nicht anwesend; sie war auf der Reise
zur Einweihung des Suezkanals, der Kaiser war in der Lage,
seiner Vernunft mehr als jemals folgen zu können. Er erkannte
es, jetzt nicht ewig gepeinigt von der kriegerischen Hofpartei, ganz
wohl, daß sein Interesse ein Nachgeben in freiheitlichem Sinne
verlange. Der Sturm schwieg für den Augenblick, es unterlag
aber keinem Zweifel, daß er ausbrechen werde, sobald die noch
ausstehenden Wahlprüfungen beendigt sein würden.

Unter diesen Umständen ging der Kaiser mit sich zu Rathe
und hielt es für gut, als Frankreich einzig verantwortlicher Cäsar
aus freiem Willen Frankreich das von ihm verlangte parlamentarische Regiment zu geben. Immerhin wollte er dabei der
erwählte demokratische Cäsar bleiben, soweit es nur irgend möglich sei.

Am 27. Dezember beauftragte er Herrn Emil Ollivier
mit der Bildung eines neuen parlamentarischen Ministeriums,
nachdem er das alte veranlaßt hatte, seine Entlassung einzugeben.

Wir müssen nun Emil Ollivier, diesen Mann, der einen so verderblichen Einfluß auf die Angelegenheiten Frankreichs geübt hat, vorführen, um ihm gerecht zu werden und um dem Volke gerecht zu werden, welchem er den höchsten Schaden zugefügt hat.

Emil Ollivier, Sohn des alten Republikaners Demosthenes Ollivier, ist am 2. Juli 1825 zu Marseille geboren. Im Jahre 1847 eröffnete er seine Laufbahn als Advokat zu Paris. Im folgenden Jahre brach die Revolution aus, welche Ludwig Philipp stürzte und der sehr junge Emil Ollivier ward von Ledru Rollin, dem Freund seines Vaters, als Generalkommissar der Republik in das Departement der Rhonemündungen gesendet. Von seiner Thätigkeit in dieser Stellung hat nicht bloß Herr Ollivier selbst viel Gutes gesagt, auch seine Schmeichler, da er an der Macht war, haben nicht genug diese Thätigkeit rühmen können. Von unparteiischen Beobachtern aus dieser Zeit haben wir, lange bevor daran nur gedacht wurde, daß Emil Ollivier Minister Napoleons III. sein würde, vernommen, daß Ollivier durch seine Jugend und seine ungemessene Eitelkeit nur Schaden stiftete. Cavaignac rief den rasch aufgeschossenen jungen Helden bald von seinem gefährlichen Posten ab und versetzte ihn als Präfekten in das ruhigere Departement der obern Marne.

Mit der Wahl Napoleons zum Präsidenten der Republik fand die Verwaltungsthätigkeit Olliviers schnell ein Ende und er kehrte zur advokatischen Laufbahn zurück. In dieser erwarb er sich einen Namen und mit Recht. Er hatte freiheitliche Instinkte und wo er diese ohne Weiteres walten lassen konnte, war er bedeutend.

In Folge davon ward er im Jahre 1857 zum Deputirten für den dritten Bezirk des Seinedepartements erwählt. Er gehörte zu der kleinen Gruppe der „Fünf“, welche damals im gesetzgebenden Körper, inmitten der Masse der Mameluken des zweiten Kaiſerreichs allein die Oppoſition vertraten und war der glänzendſte Redner dieſer Gruppe, noch erfüllt von der jugendlichen freiheitlichen Begeiſterung, die älteren, verabvolatiſirten Mitgliedern derſelben bereits abging.

Indeſſen ſchon jetzt bemerkte man, daß Ollivier nicht frei ſei von dem Beſtreben, auch der Majorität zu gefallen. Der allgemeine Beifall war ihm ſo ſüß, daß er immer mäßiger auftrat, wie man es nannte. Nachdem er im Jahre 1863 wiedergewählt worden war, ward ſeine Neigung nach rechts hin immer ſtärker, er hatte ſich in die Mäßigung ſo hineingeredet, daß er nun auch innerlich von ihr durchdrungen war und in der Seſſion von 1866 auf 1867 trennte er ſich vollſtändig von der Linken. In dieſer Zeit begannen ſeine perſönlichen Beziehungen zum Kaiſer Napoleon. Seit dem Briefe des letzteren vom 19. Januar 1867 unterſtützte Ollivier das Kaiſerreich offen. Er traute ſich in der hohen Meinung, die er von ſich ſelbſt hatte, zu, daß er daſſelbe parlamentariſiren könne. Von nun ab war bei jeder eintretenden Miniſterkriſis die Rede davon, daß er entweder als Mitglied in das neue Miniſterium eintreten werde oder daß er die Bildung des neuen Miniſteriums übernehmen werde. Vorläufig blieb es beim Reden. So ſehr Ollivier ſeinen Bruch mit der Linken der Kammer erklärt hatte, die freiheitlichen Anwandlungen verließen ihn nicht und der arkadiſch-mameluckiſchen Rechten und der Hofpartei und Herrn Rouher blieb der Mann verdächtig. Sie hätten ihn gerne als Werkzeug verwendet, aber ſie ſträubten ſich dagegen, ihm einen Einfluß auf die Geſchicke des Kaiſerreichs einzuräumen.

Im März 1869 ſuchte ſich Ollivier durch ſeine Schrift „der 19. Januar‟ vor der franzöſiſchen Demokratie zu rechtfertigen und ſeine Wiederwahl in Paris vorzubereiten. Er ward in Paris nicht wiedergewählt; überall als „Verräther‟ ausgeſchrieen, erhielt er nur 12,848 Stimmen, während 22,848 auf seinen Gegner Bancel fielen. Dagegen ward Ollivier im Departement des Var gewählt.

Dies befriedigte Ollivier nicht und trieb ihn nur desto mehr in die Hände der kaiserlichen Umgebung. Auf den Brief des Kaisers vom 27. Dezember 1869 übernahm er die Bildung eines neuen Ministeriums. Nicht bloß in dem, was die Kriminalpolizei betrifft, heißt es: Cherchez la femme! Ollivier hatte als ein noch junger Mann eine Tochter des Klavierspielers und spätern Abbé Liszt und der Gräfin D'Agoult (Daniel Stern) geheirathet. Seine Frau, welche allerdings schon 1862 starb, äußerte doch sammt ihrer Sippe auf den Mann, dem edle Regungen nicht abzusprechen sind, einen verderblichen Einfluß. Im September 1869 vermählte er sich aufs Neue mit der Tochter 'eines reichen Kaufmanns von Marseille. Im Jahr 1865 hatte er eine Anstellung als Kommissär des Vizekönigs (oder Khedibes) von Egypten in den Angelegenheiten des Suezkanals mit einer Besoldung von jährlichen 30,000 Franken angenommen und mußte deßhalb seine Advokatur in Paris aufgeben.

Ollivier brachte sein neues Ministerium, welches ja ein parlamentarisches sein sollte, nicht ohne Schwierigkeit zusammen, da er nach rechts und nach links hin verdächtig war; doch er brachte es zusammen und es konnte sich am 2. Januar 1870 konstituiren. Es bestand neben Herrn Ollivier, Siegelbewahrer, Justiz- und Kultusminister aus den Herren

Graf Napoleon Daru für die auswärtigen Angelegenheiten;

Chevandier de Valdrôme für das Innere;

Buffet, für die Finanzen;

Leboeuf, für den Krieg;

Rigault de Genouilly, für die Marine und die Kolonieen;

Segris für den öffentlichen Unterricht;

Marquis von Talhouët für die öffentlichen Arbeiten;

Louvet, für Ackerbau und Handel;

Marschall Vaillant, Minister des Kaiserlichen Hauses;

Moritz Richard, für die schönen Künste;

de Parieu, Präsident des Staatsrathes.

Aus dem gesetzgebenden Körper traten in dieses neue Ministerium die Herren Ollivier, Daru, Chevandier de Valdrôme, Buffet, Segris, Talhouët, Louvet und Richard.

Graf Daru, geboren 1807, trat 1828 aus der polytechnischen Schule, diente mit Auszeichnung als Artillerieoffizier und schloß sich mit ganzem Herzen der Herrschaft der Orleans an; die Republik acceptirte er, aber nach dem napoleonischen Staatsstreich vom Dezember 1851, welcher ihn nicht mit Verhaftung verschonte, trat er ins Privatleben zurück und nahm erst 1869 wieder die Wahl in den gesetzgebenden Körper an.

Chevandier de Valdrôme, eine zweifelhafte Fabrikgröße, trat zuerst als Regierungskandidat, gewählt im Departement der Meurthe, in den gesetzgebenden Körper 1859, er ward immer wieder gewählt und immer wieder als Regierungskandidat.

Buffet, 1818 geboren, Advokat, Ordnungsmann, entschiedener Gegner des Sozialismus, ward 1848 zuerst zum Volksrepräsentanten gewählt, war Minister des Präsidenten Louis Napoleon, trennte sich aber von diesem, als derselbe den Staatsstreich vorbereitete und blieb nun längere Zeit den Staatsgeschäften fern. Erst 1864 ward er wieder in den gesetzgebenden Körper gewählt und war hier einer der Hauptvertreter der dynastischen Opposition, welche das Kaiserreich mit parlamentarischen Institutionen verlangte. Für die Interpellation der 116 hatte er eine besondere Thätigkeit entwickelt.

Segris, geboren 1811, Advokat, ward 1859 in den gesetz=
gebenden Körper gewählt, wo er derselben Richtung, wie Buffet
angehörte.

Der Marquis von Talhouët=Roy, 1819 geboren, ist
einer der drei oder vier größesten Grundbesitzer Frankreichs; seit
1849 Deputirter protestirte er 1851 gegen den Staatsstreich, ward
einige Tage eingesperrt, aber trotzdem 1852 und zwar ohne Ein=
sprache der Regierung wiedergewählt; 1869 trat er bei den Wahlen
als Kandidat der liberalen Opposition auf und als der Kammer
das Recht, ihr Bureau selbst zu bestellen, zurückgegeben, ward er
zum Vizepräsidenten gewählt.

Louvet, geboren 1806, Banquier, ward 1848 zum Volks=
repräsentanten gewählt; er folgte beständig der Politik Napoleons,
sowohl vor als nach der Begründung des Kaiserthums. Dennoch
war er einer der Unterzeichner der Interpellation der 116.

Maurice Richard, geboren 1832, Sohn eines reichen
Geschäftsagenten, Advokat, ward zuerst 1863 in den gesetzgebenden
Körper gewählt und folgte beständig der Politik Olliviers, welcher
dann 1870 für ihn das unnütze Ministerium der schönen Künste schuf.

Das ausgesprochene Ziel des Ministeriums Ollivier war,
das Kaiserreich mit parlamentarischen Institutionen
zu vermählen, Frankreich zur politischen Freiheit zu
führen.

Zunächst sah man hievon wenig; es kam nichts zum Vor=
schein, als einige gut gemeinte, aber unbedeutende Reformen im
Justizwesen. Gleich im Anbeginn seiner Laufbahn traf das
Ministerium ein Unglücksfall. Der Prinz Peter Napoleon
erschoß in seiner Wohnung den jungen Journalisten Victor
Noir (eigentlich Iwan Salmon). Die radikale Presse beutete
diesen Vorfall gegen die Dynastie aus, welche ja eben das

Ministerium Ollivier in einer neuen Weise befestigen sollte. Besonders heftig äußerte sich in dieser Richtung der Deputirte Rochefort in der von ihm gegründeten Marseillaise. Außerdem kam es zu tumultuarischen Szenen beim Begräbniß Viktor Noirs.

Ollivier hielt es nun für angemessen, „Energie" zu zeigen, um sich bei seinen Gegnern in der Umgebung des Kaisers, deren bedeutendster und geschicktester Herr Rouher war, Respekt zu verschaffen.

Er ließ den Prinzen Peter verhaften und ihm vor dem Staatsgerichtshof, der nach Tours berufen ward, den Prozeß machen. Dieser Prozeß endete mit einer Freisprechung des Prinzen.

Anders erging es dem Deputirten Henri Rochefort. Ollivier verlangte von der Kammer die Zustimmung zur gerichtlichen Verfolgung Rocheforts, welche auch von der Majorität mit Freuden ertheilt ward, da ihr der „rothe Skandalmacher" höchst zuwider war. Rochefort ward zu 6 Monaten Gefängniß und 3000 Frkn. Buße verurtheilt und Ollivier säumte nicht, das Erkenntniß vollziehen zu lassen. Am 7. Februar 1870 ward Rochefort verhaftet und in St. Pelagie eingesperrt.

Der Vergleich des Verfahrens mit dem Prinzen Peter auf der einen, Rochefort auf der andern Seite machte in Paris sehr böses Blut.

Ende März 1870 war das Ministerium über die Aenderungen der Verfassung im parlamentarischen Sinn, welche ihm nothwendig erschienen, einig geworden.

Es handelte sich nun darum, in welcher Gestalt dieselben gebilligt und redigirt werden sollten.

Die echten Parlamentarier verlangten, daß sie dem Senat und dem gesetzgebenden Körper zur Berathung vorgelegt und dann, wie sie aus dieser Berathung hervorgingen, von der Regierung verkündet werden sollten.

Ganz anderer Meinung waren die Cäsaristen, welche nach wie vor den meisten Einfluß auf den Kaiser übten, an ihrer Spitze Herr Rouher.

Die Ansicht dieser Männer — und Damen — ging dahin, daß mit dem Entwurf der Aenderung der Verfassung durchaus „verfassungsmäßig" verfahren werden müsse. Der Entwurf sei also nach der bestehenden Verfassung zuerst dem Senat vorzulegen, dann der Entscheidung eines Plebiszites zu unterwerfen. Im übrigen, welche legislatorischen Rechte der Kaiser immer den beiden Kammern einräume, müsse er sich doch auch fernerhin das Recht, Plebiszite hervorzurufen, reserviren.

Diese Meinung gefiel dem Kaiser; Herrn Emil Ollivier konnte sie nicht gefallen, denn er hatte sich früherhin so oft in seinen Reden und in seinen Schriften gegen die Plebiszitenwirthschaft ausgesprochen, — und dennoch unterwarf er sich dem Willen seiner Gegner, die ihm täglich vorhielten, daß er seine Anhänglichkeit an das Kaiserreich erst gründlich durch seine Thaten zu beweisen habe, damit man an dieselbe glaube. Dies sei bisher noch gar nicht im erforderlichen Maße geschehen. Als sich Ollivier unterworfen, sagten Freunde und Feinde, er habe es gethan, um auf jeden Fall Minister zu bleiben. Wir haben eine andere Meinung. Herr Ollivier ist krank; er leidet an der Makromanie, und da er außerdem die Neigung aller Advokaten theilt, zu glauben, daß jede Sache mit einiger dialektischen Geschicklichkeit sich so drehen lasse, wie man es wolle, so war er überzeugt, daß er selbst unter Zulassung der Plebiszitwirthschaft den Cäsarismus im Parlamentarismus werde ersticken können. Sonderbarer Schwärmer!

Nicht so leichten Muthes als Herr Ollivier faßten einige

seiner Kollegen die Sache auf: Graf Daru und Herr Büffet erklärten, daß sie sich mit dem Prinzip des Plebiszits auf keinen Fall einverstanden erklären könnten und kündigten ihren Austritt aus dem Ministerium an, falls dieses Prinzip ernstlich in der zu machenden neuen Verfassung anerkannt werden sollte. Talhouët theilte ihre Meinung, doch wollte er bis nach dem Plebiszit im Ministerium bleiben, um diesem nicht vorzeitig Verlegenheiten zu bereiten.

Am 13. April wurde der gesetzgebende Körper bis nach dem Plebiszit vertagt, um nicht zu stören; am 14. April begann die Diskussion des Senates, dessen Kommission es für gut befunden hatte, aus den vom Ministerium vorgeschlagenen Veränderungen der Verfassung eine vollständig neue, in sich zusammenhängende, Verfassung zu konstruiren.

Erst am 15. April verkündete das Journal Officiel den längst vollzogenen Austritt der Herrn Daru und Buffet aus dem Ministerium; dieses ward vorläufig nicht ergänzt, Ollivier übernahm vorläufig das Aeußere, Segris die Finanzen und Maurice Richard neben der schweren Bürde der schönen Künste den öffentlichen Unterricht.

Am 23. April erschien das Dekret über das Plebiszit, welches auf den 8. Mai angesetzt ward. Sogleich begannen nun, wie vor den Wahlen, die politischen Versammlungen.

Die ganze unabhängige Presse, da sie das Plebiszit selbst nicht mehr verhindern konnte, rieth entweder sich der Abstimmung zu enthalten, oder mit Nein! zu stimmen.

Was war von dem Plebiszit zu erwarten? Bei den Wahlen von 1869 hatten allerdings die offiziellen Kandidaten eine nur ganz geringe Majorität davon getragen. Allein damals waren der offiziellen Kandidaten viele, jetzt war nur einer vorhanden, der Kaiser selbst, beim Landvolke durchaus nicht unbeliebt und zwar aus anzuerkennenden Gründen.

Wie konnte ein ungebildetes Landvolk, dem die Regierung nicht einmal zutraute, daß es ohne ihre Bevormundung seinen Deputirten für den gesetzgebenden Körper wählen könne, über eine Verfassung von 45 Artikeln bewußt mit Ja! oder Nein! abstimmen? Die Abstimmung galt für oder gegen den Kaiser und seine Dynastie. Jeder unparteiische Beobachter mußte sich sagen, daß die Majorität für den Kaiser sein werde.

Den Gegnern des Cäsarismus konnte es nur darauf ankommen, daß die Majorität nicht allzu überwältigend ausfalle, so daß der Cäsarismus aus ihr nicht den höchsten Muth zu — Thorheiten schöpfe. Die ruhigen, mäßigen und vernünftigen Gegner des Cäsarismus arbeiteten auch nur darauf, auf nichts weiter hin. Vieles hing davon ab, welche offizielle Einwirkung auf das souveräne Volk stattfinden werde.

Ollivier hatte sich früher scharf gegen die offiziellen Kandidaturen, gegen jede offizielle Einwirkung auf die Stimmgebung ausgesprochen, welche bei der in Frankreich herrschenden unglaublichen Zentralisation der Verwaltung stets eine ungeheure Macht entfalten muß.

Durch seine jetzige fatale Lage verdammt, immer das Gegentheil von dem zu thun, was er früher für gut und recht erkannt hatte, arbeitete Ollivier nun amtlich aufs eifrigste für das Plebiszit. Der Minister des Innern wies entschiedener, als es jemals der cäsaristisch-bureaukratische Forcade gethan, die Präfekten an, eine „verzehrende" Thätigkeit dafür zu entfalten, daß die Ja! eine große Majorität erhielten.

Der Kaiser und seine Umgebung waren trotz alledem nicht ruhig.

Die offiziösen Blätter mußten von Tage zu Tage verkünden, daß diese Abstimmung über den Frieden entscheide; stimme eine große Mehrheit mit Ja, so sei der Frieden gesichert, finde das Gegentheil statt, so müsse das Kaiserreich andere Mittel ersinnen und anwenden, um sich neu zu befestigen, beispielsweise einen Krieg um den Rhein. Diese Argumentation hat ungemein gewirkt, bester Beweis, wie damals ganz Frankreich den Frieden wollte.

Die unabhängige Presse machte darauf aufmerksam, daß die Sache umgekehrt liege. Eine große Majorität für die neue Verfassung gebe dem Cäsarismus neue Vollmacht zu andern Expeditionen nach der Art der mexikanischen. Eine nur bescheidene Majorität werde ihn auch bescheiden machen und ihn bestimmen, ernstlich an den verheißenen Ausbau der Verfassung zu denken, ihn zwingen, diesen zu betreiben.

Durch Fügung der Vorsehung und des Polizeipräfekten Pietri ward ein Komplott und ein Attentat entdeckt. Am 29. April ward ein gewisser Beaury, ein junger liederlicher Mensch, Deserteur aus der französischen Armee verhaftet, welcher aus Belgien zurückgekehrt, die Absicht gehabt haben sollte, den Kaiser todtzuschießen. Da dies noch nicht genügend schien, so ward dem beabsichtigten Attentat ein Komplott hinzugefügt, welches auf den Umsturz der ganzen französischen Verfassung gerichtet sein sollte.

Am 5. Mai, also nur zwei Tage vor dem Plebiszit und in jener Periode, da keine berathenden Volksversammlungen mehr stattfinden durften, ward ein Rapport des Generalprokurators Grandperret an Ollivier nebst den darauf folgenden Entscheidungen Olliviers und des Kaisers verbreitet, welcher wohl ohne weiteres das frechste Aktenstück dieser Art genannt werden darf. Attentat, Komplott, Alles Mögliche waren darin durch einander gemengt, die Aussagen von Polizeispionen mit spärlichen That-sachen vermischt, die internationale Arbeitergesellschaft in unerhör-ter Weise in dies Komplott hineingezogen; kurz Anstand und gesunder Menschenverstand wurden durch diese Arbeit im unerträg-lichsten Maße beleidigt.

Dennoch oder eben deshalb hatte der Streich seine Wirkung. Die Abstimmung über die 45 Paragraphen der neuen Verfassung ward gänzlich in den Hintergrund gedrängt und die Frage für die Masse der Franzosen nun so gestellt, ob sie am 8. Mai für Napoleon III. oder für den Deserteur Beaury, der ihn angeblich hatte ermorden wollen, stimmen wollte.

Sie stimmte für Napoleon III., gegen den Deserteur Beaury.

Einige schwarze Punkte zeigten sich aber allerdings an diesem Himmel. Paris und fast alle größeren Städte hatten dem Kaiser ihre Majorität verweigert; von der Armee, welche man diesesmal mitstimmen ließ, und zwar in besonderen militärischen Komitien, hatte ein gutes Sechstel mit Nein! also gegen den Kaiser gestimmt und es hatten sich bei dem Plebiszit der Armee in den Kasernen Szenen ereignet, welche man nicht wohl mit den gewöhnlichen Begriffen von der militärischen Disziplin vereinigen konnte.

Immerhin, das Kaiserreich hatte eine überwältigende Majo-rität für sich vereinigt, wie sie nach den Wahlen von 1869 von dem größten Pessimisten kaum zu erwarten war.

Nicht ohne Grund hatten die liberalen Blätter Furcht vor der großen Majorität der Ja! am Plebiszittage gehabt, weil sie Krieg bedeuten werde. Schon vor dem Plebiszit ward, allerdings geheim, viel von einer Sendung des Herzogs von Persigny nach Berlin gesprochen. Derselbe sollte dort die Vollziehung des

Prager Friedens von 1866 verlangen und mit einer Keckheit auftreten, welche Preußen zum Kriege zwänge.

Nach dem Plebiszit trat diese Angelegenheit zunächst in den
Hintergrund, Dank vor Allem dem Kaiser, der nothwendig,
damit man gerecht bleibe, von der Hofpartei getrennt werden muß,
der Deutschland besser kannte, als es im Allgemeinen in Frankreich gekannt ist und der, wie gerne er immer einen siegreichen
Krieg unternommen hätte, um seinem Geschlecht ein neues Relief
zu geben, doch bis auf die letzte Stunde seiner Zweifel über die
unbedingte Siegesfähigkeit der Franzosen den Deutschen gegenüber
nicht ledig wurde.

Nach dem Plebiszit wurde durch Dekrete vom 15. Mai das
durch den Austritt Darus, Buffets und Talhouëts
verstümmelte Ministerium ergänzt durch die Ernennung des
Herzogs von Grammont zum Minister der auswärtigen Angelegenheiten, des Deputirten Mége zum Minister des öffentlichen
Unterrichts und des Deputirten Plichon zum Minister der öffentlichen Arbeiten. — Bemerkenswerth ist, daß an dem gleichen
Tage erst die Verwaltung der Gestüte von dem Ministerium der
schönen Künste getrennt ward, um unter die Aegide des Ministers für Ackerbau und Handel überzugehn. Bemerkenswerth ist
auch der Ersatz, den dafür das Ministerium der schönen Künste
erhielt, welches von nun an den Titel des Ministeriums der
Wissenschaften und schönen Künste führen sollte: es wurden ihm,
statt wie bisher dem Ministerium des öffentlichen Unterrichts
zugetheilt das kaiserliche Institut von Frankreich, die kaiserliche
Akademie der Medizin, der Dienst der Bibliotheken in Paris und
den Departements, der Dienst der gelehrten Gesellschaften, ihrer
Journale und aller dahin einschlagenden Angelegenheiten.

Von den neu ernannten Ministern steht obenan der Herzog

von Grammont durch die kurze, aber für Frankreich fürchter-
liche Rolle, welche ihm als Minister zu spielen bestimmt war.

Der Herzog Anton Agenor Alfred von Grammont, Fürst von
Bidache ist am 14. August 1819 geboren; seine Erziehung war
eine durchaus legitimistische, er ward durch sie besonders auf die
Verbindung mit Heinrich V., dem Grafen von Chambord hin-
gewiesen; im Jahre 1837 trat er in die polytechnische Schule, aus
dieser als Unterlieutenant in die Applikationsschule des General-
stabs, nahm aber schon im gleichen Jahre 1840 seinen Abschied,
um sich auf seine Güter zurückzuziehen. Aus der Zurückgezogen-
heit ward er durch klerikalen Einfluß erst nach dem Staatsstreiche
von 1851 herausgerissen und folgte nun in der diplomatischen
Laufbahn, ohne die nothwendigste Vorbereitung für dieselbe, dem
Sterne Napoleons. Er war nach einander Gesandter zu
Kassel, Stuttgart, Turin, Rom, Wien. Während dieser
diplomatischen Thätigkeit hätte er zweimal Gelegenheit gehabt, seine
Tüchtigkeit zu beweisen, 1860 zu Rom, 1866 zu Wien. Er
mußte beide Male nicht das Mindeste von dem, was um ihn her
vorging, und 1870 sollte sich die Sache in der schrecklichsten Weise
zum dritten Mal wiederholen. Die Schmeichler des Herzogs
rühmten, als er in das Ministerium eintrat, seine Körperstärke:
er vermag einen Napoleon zwischen seinen Fingern zusammenzudrücken; von seiner Geistesstärke unterließen es selbst seine Schmeichler zu reden, und die Aengstlichen, Freunde des Friedens, fürch-
teten schon am 15. Mai, daß die Geistesstärke des Herzogs von
Grammont vielleicht hinreiche, das Kaiserreich zusammenzudrücken;
außerdem glaubten gar viele Leute, daß die Allianz Oesterreichs
mit Frankreich eine abgemachte Sache sei.

Herr Mége, Advokat, Freund des Herrn Rouher, gebo-
ren 1817, ward als offizieller Kandidat zuerst 1863 in den gesetz-

gebenden Körper gewählt. Er gehörte der cäsaristischen Rechten an, unterzeichnete aber doch im Juli 1869, einer der Vizepräsidenten des gesetzgebenden Körpers, die Interpellation der 116, — Beispiel, wie selbst die extremsten Cäsaristen nachgerade an der Aufrechthaltung des absoluten Cäsarismus verzweifelten.

Herr Plichon, geboren 1814, war schon Deputirter unter dem Julikönigthum. Er ist Advokat, Klerikaler und Protektionist nach der Manier des Herrn Pouher-Quertier. Im Jahre 1857 ward er mit großer Majorität im Departement du Nord als Oppositionskandidat gewählt. Auch er unterzeichnete trotz alledem 1869 die Interpellation der 116.

Alles zusammengefaßt kann man sagen, daß durch diese drei Ernennungen das Ministerium Ollivier in klerikal-cäsaristischem Sinne alterirt ward. Wäre Herr Ollivier vor dem Plebiszit zurückgetreten oder selbst nur Angesichts dieser Ernennungen, es wäre ihm ohne Zweifel vieles verziehen worden. Er hatte damals immer noch das Recht zu sagen: Ich habe geglaubt, daß die Freiheit mit dem Kaiserreich vereinbar sei, in diesem Glauben habe ich Vieles über mich ergehen lassen; jetzt muß ich überzeugt sein, daß ich mich getäuscht habe und ich lege mein ministerielles Portefeuille und Papiermesser auf den Altar des Vaterlandes nieder.

Emil Ollivier blieb im Amte.

Nachdem wir nun die politische Geschichte Frankreichs bis auf diesen Punkt geführt haben, wollen wir uns die Geschichte seiner Armee von 1866 bis 1870 ansehen.

3. Geschichte der französischen Armee von 1866 bis 1870 *).

Auch im gewöhnlichsten Laufe der Dinge erfordert eine jede Armee, wie immer sie organisirt sein möge, beständige Arbeit, da Personal und Material sich abnutzen, ergänzt und für den Ernstgebrauch zugerichtet werden müssen.

In Folge großer politischer Veränderungen innen und außen, in Folge wichtiger neuer Entdeckungen und Erfindungen wird die Arbeit verstärkt und belebt. Das vorhandene Personal muß in neue für besser erkannte Formen umgegossen, das vorhandene Material theilweis völlig bei Seite gelegt und durch eines von neuer Art ersetzt werden. Man redet dann von einer Reorganisation, Neubewaffnung und Neausrüstung der Armee. Sie kön=

---

*) Es ist in Deutschland in den letzten Jahren so viel über die französische Armee geschrieben worden, daß mein Kapitel über dieselbe fast wie ein Wagniß erscheint; indessen ich begehe das Wagniß, ohne große Besorgniß und zugleich im Gefühl einer Pflichterfüllung. Ich werde mich so kurz als möglich fassen, nur das hervorheben, was mir besonders beachtenswerth erscheint. In den letzten Jahren brachte ich ein jedes mindestens vier Monate in Frankreich zu und französische Offiziere aller Grade sagten, daß ich von dem Ganzen der französischen Armee mehr wisse als sie. Von den vielen Freunden, die ich in dieser Armee zähle, deckt jetzt nicht wenige der kühle Grund des Schlachtfeldes, andere hat ein weit schrecklicheres Schicksal getroffen. Einer der ersteren, welcher den Krieg mit Deutschland voraussah, ohne ihn zu wünschen, sagte mir 1868: Sie werden unser Kampfrichter sein! — Ich vollziehe sein Testament. — Der Schweizer hat, indem er die republikanische Freiheit und die Neutralität seines Landes wahrt, nicht blos das Recht, materiell die leidenden Menschen beider Nationen zu unterstützen, sondern auch das Recht, durch die Geschichtschreibung beiden gerecht zu werden; ich mache von diesem letztern Recht um so mehr Gebrauch, als ich die beiden Nationen schätze und liebe, als ich überzeugt bin, daß dieser Krieg, welches auch sein Ende sei, ein unglückseliger sei, von keiner der beiden Nationen gewollt, herbeigeführt durch die unglückliche Organisation des modernen Europas, dessen Aspirationen ganz andere sind, als die zufälligen Formen, in welche sie gebannt werden. W. R.

nen vorgenommen werden, ohne daß dabei der Staat, welcher sie vornimmt, den nahen Ausbruch eines Krieges im Sinne oder vor Augen habe.

Keine heutige Armee, wie viel Geld auf sie lange Friedens-jahre hindurch verwendet worden sei, kann ohne besondere Vorbe-reitungen in den Krieg rücken. Jede bedarf besonderer Arbeit, um kriegsbereit zu werden, sich zu mobilisiren, einer Arbeit, die je nach der mehr oder minderen Zweckmäßigkeit der Organisation, weniger oder mehr Zeit, unter allen Umständen einige Wochen in Anspruch nimmt. Mobilisirungs- und Reorganisationsarbeiten sind von dem Wissenden ziemlich leicht von einander zu unter-scheiden. Eben so leicht können sie von dem Unwissenden mit einander verwechselt werden.

In aufgeregten Zeiten ist dies um so leichter möglich, da die Reorganisationsarbeiten dann häufig einen Charakter annehmen, der sie den Mobilisirungsarbeiten nähert.

Schon im Herbst 1866 ward die Reorganisation der französischen Armee begonnen, dann besonders eifrig betrie-ben, seit der Marschall Niel das Kriegsministerium übernommen hatte und während der Luxemburger Affäre liefen wirklich Reorga-nisations- und Mobilisirungsarbeiten dergestalt durch einander, daß sie schwer zu unterscheiden waren.

Nach den Zuständen, welche die Reduktion vom November 1865 geschaffen hatte, oder, besser gesagt, nur geschaffen haben sollte, bestand die Infanterie der französischen Armee nach wie vor aus der Garde und der Linie.

Die Gardeinfanterie zählte
1 Regiment Gensdarmes,
3 Regimenter Grenadiere,

4 Regimenter Voltigeurs,

1 Regiment Zouaven,

1 Bataillon Fußjäger.

Nach der Reduktion von 1865 behielt das Gardegensdarmenregiment 2 Bataillons zu 6 Kompagnieen, jede Kompagnie mit 3 Offizieren und 83 Mann. Jedes Voltigeur- oder Grenadierregiment hatte 3 Bataillons zu 7 Kompagnien mit 3 Offizieren und 92 Mann. Das Zuavenregiment behielt seine zwei Bataillons zu 7 Kompagnien mit dem gleichen Stand, das Jägerbataillon 10 Kompagnien zu 3 Offizieren und 79 Mann.

Die Gardegensdarmen waren eigentlich nie als Feldtruppe benutzt worden, sie galten nur reglementarisch für eine solche. *) Außerdem war die Gardeinfanterie niemals vollzählig; man rechnet hoch, wenn man zugibt, daß sie 15,000 Mann zur Armee stellen konnte.

Die Linieninfanterie bestand 1866 aus:

100 Regimentern Infanterie der Linie,

 20 Bataillons Fußjäger,

  3 Regimentern Zuaven,

  3   „   algierischer Tirailleurs (Turkos),

  1 Fremdenregiment,

  3 Bataillons leichter afrikanischer Infanterie,

  7 Disziplinarkompagnieen,

  2 Veteranenkompagnieen.

  1 Bataillon Sappeurs-Pompiers und 1 Regiment Munizipalgarde von Paris.

Die Masse der Infanterie bilden die hundert Linienregimenter. Mit ihnen beschäftigte sich auch seit dem Herbst 1866 die Regierung am meisten.

---

*) 1869 wurde das Gardegensdarmenregiment vollständig aufgehoben.

Vor der Reduktion von 1865 bestand jedes Linieninfanterieregiment aus 24 Kompagnien, welche in 3 Friedensbataillone,
jedes zu 8 Kompagnien zusammengefaßt waren. Von den 8 Kompagnieen des Friedensbataillons war die erste eine Grenadierkom-
pagnie, sie hatte den rechten Flügel des Bataillons, die zweite, aus
den kurzen Elitemannschaften des Bataillons zusammengesetzt, hieß
Voltigeurskompagnie und hatte den linken Flügel, die sechs übrigen
Kompagnieen waren die 1. bis 6. Füsilir- oder Zentrums-
kompagnie.

Bei einer Mobilisirung wurden die 5. und 6. Zentrumkompagnie von ihren Bataillonen getrennt und von den drei Friedensbataillonen zusammen zu einem Depotbataillon des Regiments
formirt.

Das Regiment bestand dann also aus

drei Feldbataillonen zu einer Grenadier-, einer Voltigeur- und
4 Zentrums- oder Füsilierkompagnieen und aus

einem Depotbataillon zu 6 Füsilierkompagnieen, welches die
Festungen besetzen, den Ersatz ausbilden und ähnliche Dienste ver-
richten sollte.

Durch die Reduktion von 1865 wurden in jedem Regiment
die 5. und 6. Zentrumkompagnie des 3. Friedensbataillons unterdrückt; das Regiment behielt also statt 24 nur 22 Kompagnieen.

Als der Marschall N i e l seine reformatorische Thätigkeit begann, wollte er durch das Dekret vom 27. Februar 1867 zuerst
die Regimenter auf 2 aktive Bataillone zu je 8 Kompagnieen und
1 Depotbataillon zu 6 Kompagnieen setzen. Nur die aktiven Bataillone sollten Elitekompagnieen, Grenadiere und Voltigeurs behalten. Im Kriege sollte das Regiment auf 3 Feldbataillone zu
7 und ein Depotbataillon zu 6 Kompagnieen, also zusammen auf
27 Kompagnieen gebracht werden. Nur die beiden ersten Feld-

bataillone sollten dann Elitekompagnieen haben, zugleich sollten die Kompagnieen verstärkt und die Bataillone dadurch ungefähr auf die preußische Stärke von 1000 M. gebracht werden.

Thatsächlich war diese Verstärkung der Bataillone bei dem französischen Wehrsystem vorerst gar nicht zu erreichen. Während der Luxemburger Affaire ging denn auch Niel einfach auf die alte Organisation zurück, wie sie vor der Reduktion vom November 1865 bestanden hatte. Durch Dekret vom 4. April 1867 wurden die bei der Reduktion in jedem Regiment abgeschafften beiden Kompagnieen wieder hergestellt.

Durch Dekret vom 22. Januar 1868 wurden dann die Elitekompagnieen gänzlich abgeschafft und die Elite-soldaten als Soldaten erster Klasse auf alle Kompagnieen der Feldbataillone gleichmäßig vertheilt. Von Anfang an war dieß die Absicht des Marschalls Niel gewesen, er war damit auf großen Widerstand gestoßen und ward auch nach Durchführung der Maßregel wegen ihrer heftig getadelt, obwohl sie unzweifelhaft eine der zweckmäßigsten war, da sie der Verschlechterung des Stoffes der Zentrumskompagnieen ein Ziel setzte.

Das Regiment bestand von nun an aus 3 Friedensbataillonen zu je 8 gleichmäßig formirten Kompagnieen; für den Krieg gab jedes der 3 Bataillone seine 7. und 8. Kompagnie zur Formirung des Depotbataillons ab, so daß jedes der 3 Feldbataillone 6 Kompagnieen behielt. Die gesammte Linieninfanterie erhielt die rothen Epauletten, welche bisher die Grenadiere ausgezeichnet hatten und zugleich ward statt des bisherigen kurzen ein längerer Waffenrock eingeführt. Die Kriegsstärke der Linieninfanteriekompagnie ward auf 3 Offiziere und 112 M. festgestellt.

Nach der Mobilisirung würde daher ein Bataillon, ohne die Offiziere, auf 672 Mann kommen. Die Feldbataillone der 100

Linienregimenter ergäben dann ein Total von 201,600 Mann; die Depotbataillone ein solches von 67,200 Mann.

Ein Fußjägerbataillon hat im Kriege 6 Feld- und 2 Depotkompagnieen. Die 20 Feldbataillone liefern 13,440, die 20 Depotdivisionen 4480 Mann.

Jedes der 3 Zuavenregimenter hat 27 Kompagnieen in 3 Feldbataillonen zu 7 und einem Depotbataillon zu 6 Kompagnieen. Die 3 Regimenter stellen ins Feld 5985 Mann, für das Depot 1710 Mann.

Jedes Regiment der Turkos oder algierischen Tirailleurs hatte vor der Reduktion von 1865 nur 21 Kompagnieen; während nun bei den europäischen Truppen reducirt ward, wurde jedes Regiment der Turkos auf 28 Kompagnieen gebracht, um, wie es hieß, die eingeborne algierische Bevölkerung in ausgiebigerer Weise als bisher für die Rekrutirung der Armee in Anspruch zu nehmen. Jedes Regiment Turkos stellte danach 4 Feldbataillone zu 6 und ein Depotbataillon zu 4 Kompagnieen und die 3 Regimenter ergaben für das Feld 7660, für das Depot 1260 M.

Das Fremdenregiment war während des mexikanischen Krieges auf 8 Bataillone, unter denen sich 2 Depotbataillone befanden, gebracht worden. Es ward durch diesen Krieg erheblich beschädigt und nach demselben mittelst Dekrets vom 4. April 1867, auf 4 Bataillone, einschließlich eines Depotbataillons reduzirt; jedes Bataillon behielt 6 Kompagnieen. Das Fremdenregiment erhielt also jetzt den Stand eines gewöhnlichen Linienregiments mit 2016 M. für das Feld, 672 M. für das Depot.

Die Disziplinartruppen, Veteranen, die Pariser Sappeurs-Pompiers und die Pariser Munizipalgarde können wir für unseren Zweck übergehen.

Es folgt dann, daß die gesammte französische Infanterie auf

dem normalen Kriegsfuß 247,381 M. für das Feld und 75,592 M. für die Depots aufbringen konnte, im Ganzen also 322,973 Kombattanten.

Behufs der Neubewaffnung der Infanterie wurden von 1866 ab Bestellungen auf Chassepotgewehre nicht bloß in Frankreich selbst, sondern auch im Auslande aufgegeben. 1868 war die Gewehrfabrikation im Großen dergestalt in Gang gebracht, daß in den französischen Gewehrfabriken von St. Etienne, Tulle, Chatellerault und Mutzig täglich zusammen bis zu 1600 Chassepots und außerdem über 500 Gewehre à tabatière abgenommen werden konnten. So lange der Marschall Niel lebte, ward die Gewehrfabrikation in schwunghafter Weise betrieben; nachdem General Leboeuf im August 1869 das Kriegsministerium übernommen hatte, ließ man aber aus ökonomischen Gründen beträchtlich nach.

Ueber den Werth des Chassepotgewehres waren anfangs die Ansichten sehr getheilt, und es fand selbst im französischen Offiziershorps viele Tabler; indessen von 1869 ab kamen schließlich alle dahin überein, daß es eine ganz vortreffliche Waffe und beispielsweise dem preußischen Zündnadelgewehr, als Instrument betrachtet, entschieden vorzuziehen sei.

Ursprünglich lag es in der Absicht, den Fußjägern das großkalibrige Tabatièregewehr zu geben. Allein man kam sehr bald wieder davon zurück, und auch sie erhielten das Chassepotgewehr, so daß sie in der Bewaffnung der Linieninfanterie ganz gleichgestellt waren.

Da mit dem Chassepotgewehr 11 Schuß in der Minute gethan werden können, so besorgten die französischen Offiziere, daß ihre Soldaten bei ihrem unruhigen Geiste sich allzuleicht verschießen könnten, wenn sie nicht mit einer großen Zahl von Patronen versehen wären. Die Besorgniß war keineswegs eine unbegründete.

Man gab daher jedem Mann 90 Patronen in 10 Paketen und führte außerdem kleine zweirädrige zweispännige Munitions-karren ein, welche zu je einem oder zweien den Bataillonen un-mittelbar folgen sollten. Ein solcher Karren enthielt ungefähr 11,000 Chassepotpatronen, vertheilt in 10 neben einander aufrechtstehenden Kasten, von denen jeder einzelne leicht herausgenommen werden konnte. Endlich suchte man durch den Unterricht im Scheibenschießen dem zu raschen Verschießen der Mannschaft vorzubeugen; indessen gingen sogar die höheren Offiziere in der Praxis hier vielfach von den Prinzipien ab, welche sie theoretisch für gut und richtig er-kannt hatten.

Ihre Kavallerie theilen die Franzosen seit langer Zeit in drei Gattungen:

schwere oder Reservekavallerie: Küraffiere und Kara-biniers,

Linien- oder Mittelkavallerie: Dragoner und Lanziers,

leichte Kavallerie: reitende Jäger, Husaren, Guiden und Spahis.

Mit der Reduktion vom November 1865, von welcher die Reiterei sehr erheblich berührt ward, kam die Gardekavallerie auf folgenden Stand:

Schwere Kavallerie: 1 Regiment Küraffiere, 1 Regiment Karabiniers;

Linienkavallerie, 1 Regiment Dragoner, 1 Regiment Lanziers;

Leichte Kavallerie, 1 Regiment Jäger, 1 Regiment Guiden.

Zu diesen 6 Regimentern wurden dann noch gezählt 1 Es-kadron Hundertgarden, eine reine Palasttruppe, und 1 Eskadron Garde-Gensdarmen, welche auch nicht für den eigentlichen Feld-dienst bestimmt war.

Jedes der oben aufgeführten 6 Regimenter behielt 4 Feld-eskadrons, aber nur den beiden leichten Regimentern wurden ihre zwei Depoteskadrons belassen, während das Depot eines jeden der 4 schweren und Mittelregimenter auf 1 Eskadron reduzirt ward. Indessen auch diese verkürzten Regimenter erhielten schon am 6. Februar 1867 ihre zweiten Depoteskadrons zurück.

Die übrige Kavallerie behielt nach der Reduktion von 1865 folgenden Stand:

schwere Kavallerie: 10 Regimenter Kürassiere,

Linienkavallerie: 12 Regimenter Dragoner, 8 Regimenter Lanziers;

leichte Kavallerie: 12 Regimenter Jäger, 8 Regimenter Husaren, 3 Regimenter afrikanische Jäger, 3 Regimenter Spahis.

Neben den 4 Feldeskadrons behielt jedes leichte Regiment 2 Depoteskadrons, das Depot jedes der schweren und Mittelregimenter ward auf eine Eskadron herabgesetzt.

An diesem Stand ward auch bis 1870 nichts Wesentliches geändert, als daß durch Dekret vom 6. Februar 1867 ein viertes Regiment afrikanischer Jäger geschaffen ward.

Demnach hatte nun Frankreich einschließlich der Garde 63 Regimenter Kavallerie.

Eine Feldeskadron sollte auf dem Kriegsfuß (abgesehen von Garde, Spahis und afrikanischen Jägern) 8 Offiziere 164 Mann und 150 Pferde zählen.

Die ganze Kavallerie einschließlich Garde, Spahis und afrikanische Jäger bot ein Total in den Feldeskadrons von 38,675 und in den Depoteskadrons von 15,687 Pferden und Säbeln.

Dieser Sollstand ist ein nicht unbedeutender, aber für den Kriegsfall mußte man davon einen erheblichen Abstrich machen. Verschiedene Umstände haben in Frankreich in früheren Zeiten den

Reitschlag heruntergebracht und das Kaiserreich vermochte troy mancher zweckmäßigen Bemühungen dem Uebelstande nicht sogleich abzuhelfen.

In der Krimm, wie 1859 in Italien traten die Reiterregimenter selten mit mehr als 400 Pferden auf; die nachher folgende Vernachläſſigung und die mexikanische Expedition riſſen noch weitere Lücken. Im Jahre 1866 wären die 4 Feldescadrons eines Regiments schwerlich mit mehr als zusammen 350 Pferden aufgetreten. Vom Herbst 1866 ab sollten nun die Lücken gestopft werden. Da die im August begonnenen Pferdeankäufe nicht die gewünschten Resultate ergaben, so wurden während der Luxemburger Verwicklung durch Dekret vom 4. April 1867 die bis dahin außerordentlich starken Muſikkorps der berittenen Truppen, — Kavallerie und Artillerie — auf die nothwendige Zahl von Signaltrompetern reduzirt, um Pferde für die eigentlichen Kombattanten zu gewinnen. In der Praxis blieb die Zahl der Trompeter bei den meisten Regimentern die alte; nur wurden die reglementariſch abgeſchafften Trompeter jetzt in den Rapporten als einfache Reiter geführt.

In derselben Zeit ward der Verſuch gemacht, die Pferde der ſchweren Kavallerie theilweise zur Bespannung der Batterieen zu verwenden, während der Ausfall an Pferden bei der ſchweren Kavallerie durch Pferde der berittenen Gensdarmerie gedeckt werden sollte.

Ankäufe von Zug- und Reitpferden im Großen fanden schon im August 1866 statt; auf das außerordentliche Budget von 1867 wurden für diesen Zweck 23½ Millionen Fr. gesetzt. Während der Luxemburger Verwickelung wurden in allen Departements Frankreichs große Remontemärkte abgehalten. Da auf Eile gedrungen ward, so wurden auch Pferde, welche kaum mittelmäßig genannt werden durften, angenommen und zum Theil mit exorbitanten Preisen bezahlt.

Unterdessen waren auch Aufträge zu Pferdeankäufen in Ungarn gegeben worden; die dort angekauften Pferde passirten von Ende Juni ab durch Oesterreich und Oberitalien und die Transporte dauerten bis in den Dezember 1867, — — unbeschadet des ernstlichen Bruchs, der damals zwischen Italien und Frankreich existiren sollte.

Außerdem wurden Reit- und Zugpferde in England, Irland, Holland und Deutschland gekauft.

Endlich ward auch Algerien zur Remontirung herangezogen. Die Berberpferde für den Dienst sind sämmtlich Hengste; mit solchen waren schon alle speziell für Afrika bestimmten Reitertruppen, Spahis und afrikanische Jäger beritten, nun begann man auch andere Regimenter leichter Kavallerie, Jäger und Husaren, mit ihnen zu remontiren. Der in Afrika herrschende Futtermangel drückte die Preise der Pferde, so daß man sie wirklich sehr vortheilhaft einkaufen konnte. Die Berberpferde sind sehr ausbauernd, gegen Hitze und Kälte fast unempfindlich, mit jedem Futter zufrieden, Krankheiten sehr wenig unterworfen. Allein sie konnten nur für die leichte Kavallerie verwendet werden und da sie lauter Hengste sein mußten, konnte man sie nicht mit europäischen Pferden in einem und demselben Regiment, nicht einmal wohl in einer und derselben Brigade zusammenstellen. Außerdem machen sie nothwendig vielen Lärmen, was für die Kavallerie, die in den weiten afrikanischen Wüsten operirt, gleichgültig sein mag, aber nicht für eine leichte Kavallerie, welche in dem durchschnittenen Boden Europa's arbeiten, aus größester Nähe den Feind beobachten und unter Umständen überfallen soll.

Die ungarischen Pferde erwarben sich im Durchschnitt

bei den französischen Kavallerieoffizieren geringen Beifall; sie gewöhnten sich schwer an die französische Fütterung, erwiesen sich schwer dressirbar und fingen leicht Krankheiten auf. 1869 war nur noch ein Husarenregiment vollständig mit ungarischen Pferden beritten.

Am beliebtesten waren für die leichte Kavallerie die Pferde von Tarbes (Pyrenäen), arabischer Abstammung, leicht, elegant, aber unter der Regierung Ludwig Philipps durch ungeschickte Kreuzung mit Engländern verdorben, ein Nachtheil, dem Napoleon III. abzuhelfen strebte.

Daneben erfreuten sich die Bretagnerpferde, minder elegant, aber ausdauernder als die Pyrenäenpferde für leichte Kavallerie und reitende Artillerie großer Anerkennung.

Am meisten gemischt waren die Pferde der Mittelreiterei, aus ganz Frankreich, dann besonders aus Holland, England und Deutschland ergänzt.

Auch die schwere Reiterei bezog viele Pferde aus dem Auslande; daneben herrschten diejenigen aus der Normandie vor.

Als Zugpferde für Artillerie und Trains wurden am meisten diejenigen aus den Ardennen, der Normandie, aus der Bretagne und von Faverney gesucht.

Bei den raschen Ankäufen in den Jahren 1866 und 1867 waren viele recht schlechte Pferde mit untergelaufen, die man nun bei der Rückkehr der Ruhe nach der friedlichen Lösung der Luxemburger Frage wieder loszuwerden suchte, so daß sich der Pferdestand der französischen Kavallerie keineswegs in dem Maße hob, wie es wohl im Ausland angenommen worden ist. Vom August 1866 ab bis zum Ende des Jahres 1867 kann man den wirklichen Pferdezuwachs der französischen Armee (die Zugpferde eingerechnet) nicht auf mehr als 36,000 Stück berechnen.

Damit ward bei dem Verfall, welchem abzuhelfen war, immer nicht mehr erreicht, als daß nun ein Reiterregiment in seinen 4 Feldeskadrons mit 500 Pferden ausrücken konnte, während die Depots mit dienstbrauchbaren Pferden stets noch stark im Rückstand blieben.

Die 63 Reiterregimenter, welche überhaupt in Rechnung kommen, konnten 1869 und 1870 etwa 31,500 Pferde ins Feld stellen, und ließen dabei in den Depots ungefähr 12,000 Pferde zurück, von denen höchstens die Hälfte dienstbrauchbar war, während die andere Hälfte es theils gar nicht mehr, theils erst im Jahre darauf werden konnte.

Damit ohne übermäßige Belastung des Budgets dennoch eine reichliche Anzahl von Zugpferden zur sofortigen Verfügung stehe, hatte man seit einiger Zeit die Einrichtung getroffen, daß die bei einer Demobilisirung überflüssig werdenden brauchbaren Zugpferde an Landwirthe ausgeliehen wurden.

Dieses Verhältniß ward durch eine Instruktion vom 3. Juli 1867 neu geregelt; danach durften nur Zugpferde von über fünf Jahren auf's Land ausgeliehen werden und durften nie ohne Weiteres in das Eigenthum der Entleiher übergehen. Wurde ein Thier unbrauchbar, so mußte es auf Rechnung des Militärfiskus verkauft werden. Die Ueberwachung der ausgeliehenen Pferde im Großen ward den Remontedepots übertragen. Vierzehn Tage nach einer jeden ergangenen Aufforderung mußten die Entleiher die ihnen überlassenen Pferde unweigerlich den ihnen bezeichneten Truppentheilen zurückgeben.

Alle Reiter führen als Waffe den Säbel, daneben die Kürassiere Pistolen, die Lanciers Lanzen und Pistolen, die Dragoner, reitenden Jäger und Husaren Dragonergewehre. Die Pistolen, welche auch die drei letztgenannten Reitergattungen früher hatten, wurden bei ihnen durch Dekret vom 14. Mai 1867 abgeschafft. Das 1870 eingeführte Dragonergewehr ist ein Gewehr nach dem Chassepotsystem, kürzer als das der Infanterie und mit einem rechts herabgebogenen Hebel zum Schließen und Oeffnen der Kammer.

Die Artillerie ward 1865 sehr bedeutend reduzirt. Sie bestand nach dieser Reduktion noch aus der Garde mit 1 Regiment fahrender Artillerie zu 6 Batterieen, 1 Regiment reitender Artillerie mit 6 Batterieen, 1 Eskadron Artillerietrain mit 2 Kompagnieen, aus der Linie mit 5 Regimentern (Nro. 1—5) Fußartillerie, d. h. Festungs- und Belagerungsartillerie zu 12 Kompagnieen, — 1 Regiment Pontonniere (Nr. 6) zu 12 Kompagnieen, 10 Regimentern fahrender Artillerie (Nr. 7 bis 16) zu 9 Batterieen; — 4 Regimentern reitender Artillerie (Nr. 17 bis 20) zu 7 Batterieen und 6 Eskadrons Artillerietrain zu 4 Kompagnieen.

Bald nachdem die Reduktion überhaupt erfolgt war, wurden bei jedem Fußregiment zwei Batterieen als fahrende Reservebatterieen ausgestattet, also im Ganzen 10 Batterieen.

Während der Luxemburger Krisis wurde zunächst bei jedem der 14 Regimenter fahrender und reitender Artillerie eine neue Batterie errichtet. Zugleich mußte jedes der Fußregimenter statt der frühern zwei nun fünf Batterieen in fahrende verwandeln.

Endlich am 13. Mai 1867 wurde eine ganz neue Organisation der Artillerie angeordnet und zwar die folgende:

Garde: 1. Regiment (fahrend), 6 Batterieen;

2. Regiment (reitend), 6 Batterieen;

1 Eskadron Train von 2 Kompagnieen;

Linie: 1. bis 15. Regiment zu je 8 fahrenden und 4 Fußbatterieen;

16. Regiment, Pontonniere, mit 14 Kompagnieen;

17. bis 20. Regiment zu je 8 Batterieen reitender Artillerie;

2 Regimenter Artillerietrain, zuerst zu je 12, später zu je 16 Kompagnieen.

An Feldbatterieen wurden nach der Organisation von 1867 zusammen 164, wovon 38 reitende aufgestellt.

Nachdem die Mitrailleusen (25läufig) als eine Waffe erkannt worden waren, welche der Artillerie übergeben werden müsse, wurden diese 164 Batterieen, jede zu 6 Geschützen folgender-maßen abgetheilt:

38 reitende Batterieen, mit gezogenen 4 Kilogrammern (piéces de quatre);

72 fahrende Batterieen mit gezogenen 4 Kilogrammern;

24 Mitrailleusen-Batterieen;

30 Batterieen der Reserve, 12 Kilogrammer.

Aus der Mitrailleuse wurde ein großes Geheimniß gemacht; nur die vereideten Offiziere und wenigen Artilleristen, welche die Versuche auf dem Schießplatze von Meudon leiteten, wußten etwas von der Schreckenswaffe. Wir könnten darüber die lächer-lichsten Anekdoten aus eigener Erfahrung erzählen, wenn es uns in dieser Krisis des ganzen gebildeten Europas möglich wäre zu lachen. Die ausgerüsteten Mitrailleusen wurden im Fort Mont-Balérien aufbewahrt. Sprach man mit den Eingeweihten darüber, daß es doch einigermaßen merkwürdig sei, diese Geschütze Leuten, die sie gar nicht kannten, im Augenblick der Gefahr zu übergeben, so erhielt man zur Antwort, die Schußtabellen seien ausgearbeitet und mit den gezogenen Vierpfündern habe man es 1859 gerade so gehalten.

Die französischen Genietruppen bestehen aus 3 Regimentern; jedes Regiment hat 2 Bataillone, jedes Bataillon 8 Kompagnieen, worunter 1 Mineur- und 7 Sappeurkompagnieen. Von den letztern wurde 1869 in jedem Regiment eine als Eisenbahnkompagnie formirt, demgemäß zusammengesetzt und eingeübt. Nur im ersten (Metzer) Regiment ward eine Sappeurkompagnie ebenso als Telegraphenkompagnie formirt.

Der allgemeine Train der Armee (équipages militaires) ward durch Dekret vom 29. Januar 1869 in 3 Regimenter zu 16 Kompagnieen zusammengestellt.

Die französische Armee konnte auf dem Normalkriegsstande 1868 285,000 M. Infanterie und Kavallerie mit 984 Geschützen ins Feld stellen, wozu dann in zweiter Linie als Depottruppen 91,000 M. Infanterie und Kavallerie kamen.

Auf dem Friedensstand bringt die Armee ungefähr nur zwei Drittel dieser Zahlen auf und da die Einziehung der Reserven keineswegs, trotz der seit 1868 eingeführten Verbesserungen leicht ist, so mußte man darauf gefaßt sein, daß bei einem plötzlich gefaßten Entschluß zum Kriege nur etwa 200,000 M. Infanterie und Kavallerie für das Feld disponibel waren.

Die in dieser Zahl ausgedrückten militärischen Leistungen Frankreichs erscheinen im Vergleich zu der Bevölkerung desselben, zu seinen geistigen und materiellen Hülfsmitteln schrecklich geringe.

Dem Uebelstande sollte nun durch das seit 1866 vorbereitete, am 1. Februar 1868 verkündete neue Wehrgesetz abgeholfen werden, welches doch im Wesentlichen nichts veränderte, namentlich keine neuen Truppentheile und Cadres der aktiven Armee schuf. so daß nach wie vor für einen ernsten Kriegsfall Alles auf die Improvisation abgestellt blieb.

Nach dem neuen Wehrgesetz vom 1. Februar 1868 zerfällt die Landmacht Frankreichs in 1) die aktive Armee; 2) die Reserve; 3) die mobile Nationalgarde.

Jeder Franzose ist „im Prinzipe" zur persönlichen Erfüllung seiner Dienstpflicht angehalten, sei es in der aktiven Armee, sei es in der Mobilgarde.

Die Rekrutirung geschieht durch Einberufung der dienstpflichtigen Jahresklassen, freiwilligen Eintritt und Wiederverpflichtung (Rengagement).

In der aktiven Armee ist Stellvertretung zulässig, nicht aber in der Mobilgarde.

Die Exoneration, d. h. der einfache Loskauf von der Militärpflicht durch Zahlung einer von der Regierung bestimmten Summe, für welche die Regierung einen Stellvertreter beschaffte, — oder auch nicht, — ward beseitigt. Damit trat das Gesetz vom 26. April 1858 über die Armeedotationskasse außer Wirksamkeit, nachdem es fast 13 Jahre lang höchst verderblich für die Zusammensetzung der französischen Armee bestanden hatte. Man ging im Wesentlichen auf das Gesetz vom 21. März 1832 zurück, demzufolge jeder, der für die aktive Armee designirt ist und nicht in sie eintreten will, sich auf seine Kosten und durch seine eigne Bemühung einen Stellvertreter anschaffen muß.

Das Kontingent für die aktive Armee sollte jedes Jahr von der Legislative bestimmt und zu einem mittleren Stande von 100,000 M. angenommen werden.

Das Militärmaß ward um 1 Centimeter, von 1ᴹ· 56 auf 1ᴹ· 55 herabgesetzt.

Die Dienstbefreiungsgründe aus socialen Rücksichten werden beibehalten, nur mit der Erleichterung, daß auch ein schon in die aktive Armee eingereihter junger Mann augenblicklich in

die Reserve übertritt, wenn erst nachträglich für ihn sich einer jener
sozialen Befreiungsgründe, z. B. durch den Tod seines Vaters
ergab.

Die Dienstzeit, mit dem 1. Juli des Losungsjahres be-
ginnend, ward nun auf 9 Jahre, statt der bisherigen 7 Jahre
angesetzt. Von den ganzen 9 Jahren sollte der eingestellte Mann
5 zum aktiven Dienst in der Armee verpflichtet sein, dann noch
4 Jahre in der Reserve bleiben.

Die Eintheilung des Kontingents in zwei Portionen
ward beibehalten. Die erste Portion wird wirklich auf 5 Jahre in
die aktive Armee eingestellt, deren Friedensstand einschließlich der
Berufssoldaten und der temporär auf längere oder kürzere Zeit
Beurlaubten zu 415,000 M. angenommen ward; — die zweite
Portion sollte nur 5 Monate, — 3 im ersten, 2 im zweiten Jahre
der Dienstpflicht geübt werden, übrigens stets bereit sein, zur
aktiven Armee einberufen zu werden.

Die Reserve, gebildet von den 4 letzten Jahrgängen sowohl
der 1. als der 2. Portion sollte nur im Kriegsfall durch kaiser-
liches Dekret einberufen werden können und zwar nur jahres-
klassenweise, um die aktive Armee auf dem vollen Stand zu
erhalten. Während der letzten zwei Jahre ihrer Dienstpflicht sollten
die Reservisten sich ohne Einholung einer besondern Erlaubniß
verheirathen dürfen.

Wird ein jährliches Rekrutenkontingent von 100,000 Mann
angenommen, so gehen von denselben 9000 M. für die Marine,
ferner nach aller Erfahrung 14,416 an früher schon eingetretenen
Freiwilligen und aus sozialen Gründen zu Eximirenden, also im
Ganzen 23,416 M. ab. Verfügbar für die Landmacht bleiben also
76,584 M. Davon berechnet man ungefähr 63,000 M. für die
erste Portion; von diesen 63,000 M. kaufen sich etwa 20,000 M.

Stellvertreter, welche nicht die volle Verpflichtung des Konskri-
birten, sondern nur die fünfjährige Dienstverpflichtung desselben
bei der Fahne auf sich nehmen, welche also nothwendig in die
Klasse der Berufssoldaten gerechnet werden müssen. — Die Kon-
skribirten der ersten Portion liefern demnach in 5 Jahrgängen
215,000 M. und die der zweiten Portion 68,000 M., wobei auf
den naturgemäßen Abgang durch Tod, Verkrüppelung u. s. w.
gar keine Rücksicht genommen ist.

Bier Jahrgänge der Reserve ergeben bei der freigebigsten Berechnung 210,000 Mann.

Hiernach wird man begreifen, daß das Gesetz vom 1. Februar
1868 ungeheuer wenig that, um der aktiven Armee zu helfen,
zumal die Schäden, welche das Armeedotationsgesetz gebracht hatte,
unmöglich auf einen Schlag beseitigt werden konnten. Deren gänz-
liche Beseitigung hoffte man selbst in französischen Regierungs-
kreisen erst für das Jahr 1877.

Immerhin, wenn man die Depotbataillone mobilisiren,
wenn man sie, wie es die Absicht des Marschalls Niel war, zu
Marschregimentern, sei es auch nur von zwei Bataillonen verstärken konnte, wenn man zu diesem Behuf bei Ausbruch des
Krieges verstärkte Aushebungen in Anspruch nahm, war es sicher
möglich, die Feldarmee zu verstärken, nur — erstens mußte noch
dabei die Improvisation die Hauptsache thun und — zweitens
war es nothwendig, die Depotbataillone der Regimenter in ihrem
Dienst der Ausbildung des neuen Ersatzes, der Besetzung der
Festungen u. s. w. durch irgend etwas zu ersetzen.

Dieses irgend etwas sollte nun die Mobilgarde sein,
welche durch das Gesetz vom 1. Februar 1868 geschaffen ward.

Sie sollte im Kriegsfall die Bewachung der festen Plätze und
Küsten und den großen kaiserlichen Polizeidienst im Innern übernehmen.

Diese Mobilgarbe oder mobile Nationalgarbe sollte sich rekrutiren:

1. aus der gesammten dienstpflichtigen Mannschaft, welche diensttauglich befunden worden war, sich aber vom Dienst im aktiven Heere freigelöset hatte;

2. aus den wegen socialer Gründe Eximirten;

3. aus den in das Kontingent für die aktive Armee aufgenommenen Mannschaften, welche sich Stellvertreter gekauft hatten.

Die Dienstzeit für die Mobilgarbe ward auf 5 Jahre angesetzt. Ein wirkliches Kontingent für die Mobilgarbe kann, welche immer die Regierungsrechnungen sein mögen, nicht höher, als auf 74,000 bis 75,000 M. angeschlagen werden. Das gibt auf 5 Jahrgänge ungefähr 370,000 M.

Die Einberufung der Mobilgarbe zum Kriegsdienst sollte jedesmal nur auf Grund eines Gesetzes erfolgen können, doch sollte es der Regierung im Nothfall gestattet sein, die Mobilgarbe bataillons- und batterieweise schon 20 Tage vor Einbringung des Gesetzes in ihren Departements an beliebigen Punkten zu versammeln. Die Offiziere der Mobilgarbe sollten vom Kaiser, die Unteroffiziere von den Militärbehörden der Departements ernannt werden.

Zu Uebungen sollten die Mobilgardisten höchstens 15 Mal im Jahre zusammengezogen werden und keine Uebung sollte den Mobilgardisten auf mehr als 24 Stunden von seiner Heimath entfernen.

Diese allgemeinen Bestimmungen beweisen deutlich, daß aus der Mobilgarbe als einer regelmäßigen Organisation nichts Vernünftiges werden könnte. Die Papierorganisation begann die Regierung im Norden und Osten; im Westen und Süden zeigte sich sogar gegen diese ein Widerstand, der in den größeren Städten zu antikaiserlichen Thätlichkeiten ausartete.

So lange der Marschall Niel lebte, ward an der Organisation immerhin fortgearbeitet, die Uebungen der Mobilgarde begannen im Juni 1869. Nach dem Tode des Marschalls Niel, als der General Leboeuf das Kriegsministerium übernahm und die bürgerliche Ersparung als das höchste Staatsprinzip in militärischen Dingen erklärt wurde, hörten die Uebungen auf. Die Anstellungen von Offizieren der Mobilgarde gingen fort, widersprachen aber durchaus dem Grundsatz, nach welchem eine ungeübte Truppe gerade der besten Offiziere bedarf, soll sie etwas leisten können.

Die Totalsumme der Mobilgarde berechnete die französische Regierung, — wie sich aus dem frühern ergiebt, zu hoch — auf 550,000 M. Sie sollte formirt werden in 318 sehr starke Bataillone zu 8 Kompagnieen und 128 Batterieen Festungsartillerie — einbegriffen 6 Kompagnieen Pontonniere.

Auf dem Papier ziemlich formirt waren beim Tode des Marschalls Niel 142 Bataillone und 91 Batterieen; Bekleidung war vorhanden für ungefähr 100,000 M. und ebensoviele Mannschaften, nämlich nur diejenigen der beiden jüngsten Jahresklassen in der östlichen Reichshälfte waren ein wenig eingeübt.

Da von nun ab nichts mehr geschah, so ergeben diese Zahlen zugleich den Zustand, in welchem der Krieg von 1870 das Institut der Mobilgarde finden mußte.

Nach Allem hier gesagten wird man wohl mit unserer Behauptung einverstanden sein, daß faktisch durch das Wehrgesetz von 1868 und jedenfalls vorerst die französische Armee keine eigentliche Verstärkung erhielt, am allerwenigsten eine solche, welche sie den Streitkräften des norddeutschen Bundes numerisch gleichstellte.

Die Franzosen haben keine im Frieden feststehende **große**
Armeeeintheilung. Sie besaßen indessen auch im Frieden
eine Anzahl von Armeekorps, die zeitweise, theils auf zwei Jahre,
theils nur für einige Uebungsmonate formirt waren und es existirten ziemlich feste Normen für die Bildung von Armeekorps.

Die formirten Armeekorps oder Divisionen wurden gebildet durch das Garbekorps, die Armeen von Lyon und
Paris, die Korps in den Lagern von Chalons und Lannemezan,
die Kavalleriedivision von Lunéville.

Die Regel für die Formation eines Armeekorps war:

   drei Divisionen Infanterie (nur ausnahmsweise zwei oder vier);
   eine Division Kavallerie und
   eine Artilleriereserve.

Die Infanteriedivision zählt 13 Bataillone, nämlich 1 Bataillon Fußjäger und 4 Infanterieregimenter zu 3 Bataillonen;
sie zerfällt in 2 Brigaden zu 6 oder 7 Bataillonen; nach den
Ansichten, die im Jahre 1869, theils schon 1868 Geltung
gewannen, sollte jeder Infanteriedivision als Divisionskavallerie
ein Reiterregiment zugetheilt werden, was z. B. in der ersten
Serie des Lagers von Chalons 1869 wirklich durchgeführt war.
Endlich soll die Infanteriedivision neuerdings drei Batterieen zu
6 Geschützen erhalten, nämlich 2 4-Pfdr. Batterieen und 1 Mitrail-
leusenbatterie.

Die Kavalleriedivision erhält in der Regel 4 Regimenter in
2 Brigaden und 1 reitende Batterie (wenn sie nicht selbstständig
zu operiren bestimmt ist, in welchem Falle ihr zwei beigegeben
werden).

Die Artilleriereserve des Korps bestand bis 1869 nur aus
2 Batterieen gezogener Zwölfpfünder; nach den neuesten Bestim-

mungen hat sie 1 reitende, 2 4-Pfdr. und 2 12-Pfdr. Batterieen, also im Ganzen fünf.

Jeder Infanteriedivision soll eine Sappeurkompagnie beigegeben werden, während die Korpsreserve je nach der Bestimmung des Armeekorps noch einige Sappeurs-, Mineurs-, Pontonnirkompagnieen mit Brückentrain erhält.

Ein vollständiges Armeekorps zählt hienach 39 Bataillone Infanterie, 7 Regimenter Kavallerie und 15 Batterieen, also etwa 26,000 M. Infanterie, 3500 M. Kavallerie, im Ganzen gegen 30,000 M. Infanterie und Kavallerie mit 90 Geschützen.

Nähme man die Aufstellung von 9 Armeekorps an und es sollten jedem 7 Regimenter Kavallerie zugetheilt werden, so gingen die sämmtlichen 63 Reiterregimenter darauf, und es bliebe keine Kavallerie zur Bildung einer Armeereserve oder von größeren Detachements zu besonderen Unternehmungen übrig. Es folgt daraus von selbst, daß mindestens einzelne Armeekorps sich mit etwa 4 Reiterregimentern würden begnügen müssen.

Eine Armee wird aus einer kleineren oder größeren Anzahl von Armeekorps gebildet; es wird ihr dann noch eine Hauptkavalleriereserve und eine Hauptartilleriereserve beigegeben.

Von Alters her war Frankreich ungemein reich an Festungen und festen Plätzen; es wurden lange neue gebaut, ohne daß man alte eingehen ließ.

Bis auf Ludwig Philipp war das französische Festungssystem wesentlich ein Cordonsystem nach der Theorie von dem dreifachen Gürtel. Unter der Regierung Ludwig Philipps ward es zu einem Netzsystem mit dem Zentrum Paris verfeinert.

Im Jahre 1866 hatte Frankreich 88 eigentliche Festungen und 47 feste Plätze (Städte mit alten Befestigungen, einzelne Forts und alte Schlösser). Diese Masse Festungen nur einiger=

maßen im Stande zu halten, das kostete schon viel und ließ an
Neubauten wenig denken. Unter dem zweiten Kaiserreich, bei der
Vertheurung aller Dinge, auch des Baumaterials, wuchsen die
Schwierigkeiten für Neubauten noch. Außerdem stand seit dem
Krimkriege bis wenig über den italienischen Krieg hinaus Napoleon III. unbestritten als konzessionirter Schiedsrichter und
Wettermacher Europas da. Gegenüber der Haltung, welche dieses
beobachtete, den Verhältnissen in Deutschland, wie sie damals
waren, darf man es den Franzosen gewiß nicht verdenken, wenn
sich in ihnen der Glaube immer mehr festsetzte, daß ohne ihre
Erlaubniß kein Kanonenschuß abgefeuert werden dürfe, daß Frankreich wohl in den Fall kommen könne, anzugreifen, aber
nicht in den, angegriffen zu werden.

So bewirkte es Anfangs nicht einmal die Einführung der
gezogenen Geschütze in den Krieg, daß die Regierung sich
ernstlich mit den Festungen beschäftigte. Erst die Jahre 1863 und
1864 brachten den Glauben mindestens der französischen Regierung
an ihr entschiedenes Uebergewicht etwas ins Wanken und es wurden darauf an den bedeutenderen Festungen Korrekturbauten unternommen, berechnet auf eine bessere Deckung des Mauerwerks, insbesondere der Kriegspulvermagazine, die Einrichtung von schützenden
Räumen für Mannschaft, Munition und sonstige Vorräthe.

Diese Bauten mußten schon der Kosten wegen, welche sie
veranlaßten, zu der Frage führen, ob es nicht dienlich sei, eine
Anzahl von für unnütz erkannten Plätzen völlig aufzugeben, damit
man auf die übrigbleibenden desto mehr verwenden könne. Die
Frage ward bejahend entschieden und durch Dekret vom 26. Juni
1867 wurden viele Plätze als solche theils gänzlich aufgegeben,
theils mit dem Vorbehalt, sie im Kriegsfall mit Beschränkungen
noch als Befestigungen zu behandeln. Die aufgegebenen Plätze

gehörten vorherrschend der vierten Klasse an, welche schon lange
keine eigentliche militärische Bedeutung mehr gehabt hatte. Von
Plätzen der zweiten und dritten Klasse befanden sich unter den
aufgegebenen Weißenburg, Boulogne, Lauterburg und Carcassonne.

Neubauten wurden nun besonders in den und um die
Plätze im Osten an die Hand genommen und zwar von Beginn des
Jahres 1868 ab. Besonderer Aufmerksamkeit erfreuten sich hier
Metz, Belfort und Langres, während man sich für das
wichtige Straßburg auf reine Korrekturbauten, allerdings von
ziemlich bedeutender Ausdehnung beschränkte.

Wir behalten uns vor, sobald einer dieser Plätze eine Rolle
in der Geschichte des Krieges von 1870 zu spielen beginnt, seine
Befestigungen weitläufiger zu besprechen und ein militärisches
Bild von ihrem Zusammenhange, den Gedanken, die ihnen zu
Grunde lagen, den mancherlei Zufällen zu geben, welche auf die
wirkliche Ausführung ihren Einfluß übten.

Die Vorgänge des Jahres 1866, die Einführung des Chassepotgewehres verfehlten auch in Frankreich nicht, Erwägungen hervorzurufen, in welcher Weise die Taktik etwa zu verändern sei.
Diese Erwägungen wurden einigermaßen in ein System gebracht
durch die sogenannten „Konferenzen“, welche der Marschall
Niel zuerst durch eine Kommission von Offizieren bearbeiten ließ,
die unter dem Präsidium des General Jarras, Direktor des Kriegs-
depots zusammentrat.

Eine Umarbeitung des Infanteriereglements ward
schon 1867 vorbereitet, drei Mal ward sie wieder vorgenommen,
so daß die letzte Ausgabe erst 1870, kurz vor Ausbruch des Krieges
erschien. Von tiefgreifenden Aenderungen gegen früherhin bemerkt
man jedoch nichts. Im Gegensatz zu den preußischen Kompagnie-

kolonnen hielten die Franzosen an dem Bataillon als einziger
taktischer Einheit fest, bei ihren voraussichtlich schwachen Bataillonen
wohl mit doppeltem Recht. Der Tirailleurdienst ward ein
wenig fester, organisirt. Außerdem kamen für das Vorrücken oder
Retiriren von ganzen Brigaden oder Divisionen in Linie die
D i v i s i o n s k o l o n n e n (aus je zwei Kompagnieen) und
die Pelotonskolonnen (aus je einer Kompagnie) in häufige An-
wendung.

Im Lager von Chalons manövrirte jeder der Oberbefehls-
haber, die dort in den Jahren von 1867 bis 1870 nach einander
kommandirten, L'admirault, de Failly, Leboeuf, Bazaine, Bour-
baki, Frossard, nach seiner Manier und seinen Lieblingsgedanken,
ohne in das Detail tief einzugreifen, so daß man wenig Recht
hat, zu sagen, es hätte sich bei diesen Manövern ein neues festes
System entwickelt.

Für die K a v a l l e r i e war besonders wichtig die Einführung der D i v i s i o n s k a v a l l e r i e und die Annahme des
Chassepothinterladers; einige Formationen, wie namentlich die
Eskabronskolonnen, die vier Züge der Eskadron hintereinander,
während die Eskadrons des Regiments durch die sich ergebenden
weiteren Intervallen getrennt sind, wurden den Preußen nach-
geahmt.

Für die A r t i l l e r i e ist zu erwähnen die Einführung der
M i t r a i l l e u s e n und die theilweis damit zusammenhängende,
doch erst unter dem Ministerium des Marschalls Leboeuf fest-
gestellte Vermehrung der A r t i l l e r i e d e r D i v i s i o n e n
und Armeekorps. Außerdem soll der 12-Pfünder (12 Kilogrammer)
als Reservegeschütz durch den 8-Pfünder ersetzt werden, was aber
unseres Wissens 1870 noch nicht durchgeführt war.

Der Marschall L e b o e u f, welcher nach dem Tode des Marschalls Niel durch Dekret vom 21. August 1869 an die Spitze der
Heeresadministration berufen ward, ist im Jahre 1809 geboren.
Er besuchte die polytechnische, dann die Artillerieschule von Metz,
ward 1837 Kapitän, 1846 Eskadronschef, und war dann als Oberstlieutenant von 1848 bis 1850 zweiter Kommandant der polytechnischen Schule. In dieser Stellung kam er in den Ruf eines guten
Republikaners. Im Jahre 1852 ward er Oberst, 1854 Brigadegeneral und 1857 Divisionsgeneral. Er machte den Feldzug in
der Krimm mit und kommandirte 1859 die Artillerie der aktiven
Armee von Italien. Im Jahr 1866 ward er nach Benetien geschickt, um diese dem Kaiser Napoleon vom Kaiser Franz Joseph
geschenkte Provinz zu übernehmen und sie dann nach dem Plebiszit
dem König von Italien auszuliefern. Im Januar 1869 erhielt er
das Kommando des 6. Armeekorps zu Toulouse und ward dann
wie gesagt, im gleichen Jahre Kriegsminister. Im Frühjahr 1870
ward er zum Marschall ernannt.

Der Kaiser war Anfangs nicht sehr geneigt, Leboeuf als
Kriegsminister zu acceptiren, theilweise wohl wegen des Rufs, den
derselbe als Republikaner hatte. In Anspielung zugleich auf den
Namen des Generals sagte der Kaiser, damals recht krank: „Il
était trop long-temps sous le joug". — Allein wenn man nicht
ganz fehlgreifen wollte, blieb damals für den Augenblick nur die
Wahl zwischen Leboeuf und Trochu, welcher letztere mit seinem
Ruf als Orleanist, mit der Zurückhaltung, die er dem kaiserlichen Hofe gegenüber immer beobachtet hatte, mit seinem aufrichtigen Buche über die französische Armee in den Tuilerieen durchaus nicht beliebt war. Für Leboeuf entschied außerdem, wenn auch
nebensächlich, wohl noch, daß er Artillerist war und daß eigentlich
seit 1799 — Scherer — kein Artillerieoffizier Kriegsminister ge

wesen war. Wir wissen, beiläufig gesagt, sehr wohl, daß man mit einiger Gewalt den Marschall Mortier, Herzog von Treviso (1834—1835), als Artilleristen bezeichnen könnte und daß der berühmte Franz Arago, Kriegsminister im April und Mai 1848, auf der polytechnischen Schule ursprünglich für die Artillerie bestimmt war.

Der Marschall Leboeuf fügte sich sehr gut in das parlamentarische Regiment, dessen Aera beginnen sollte, als er sein schweres Amt antrat. Er hatte mehr bourgeoise Anlagen, als solche zu dem Hofleben des zweiten Kaiserreichs; dennoch verabscheute er auch dieses nicht, ging vielleicht mehr, als es seiner Gesundheit nützlich war, auf dasselbe ein. So sonderbar dies jetzt auch klingen möge, die Richtung des Marschalls war eine absolut friedliche; er wollte Ersparungen im Heerwesen machen und in der Armee, die einmal vorhanden war, durch minder kostspielige Einrichtungen den Geist heben. — Für seine Waffe, die Artillerie, that er insofern viel, als er deren Stärke in den Divisionen und Armeecorps angemessen erhöhte.

Die französische Flotte zählte Ende 1867 an fertigen Schiffen 343 Dampfer und 116 Segler, an im Bau mehr oder minder fortgeschrittenen 33 Dampfer und einen Segler.

Panzerschiffe waren theils fertig, theils im Bau begriffen und ziemlich vorgeschritten zusammen 60, und zwar von den verschiedensten Konstruktionen: Monitors oder Kuppelschiffe; Widderschiffe mit einem schweren eisernen Sporn am Vordertheil zum Einrennen der Wände feindlicher Schiffe; schwimmende Batterieen zur Vertheidigung von Küsten und Rheden, sowie auch zum Angriff auf feindliche Küsten- und Hafenbefestigungen; zum Gebrauch auf hoher See vorherrschend Fre-

gatten und Korvetten, daneben noch zwei ältere, unvoll-
ständig gepanzerte Linienschiffe (Magenta und Solferino).

In neuester Zeit, nachdem man im Prinzip angenommen
hatte, daß eine geringere Zahl großkalibriger Geschütze einer
größeren Zahl kleineren Kalibers als Armirung vorzuziehen sei,
wurden die Fregatten gewöhnlich auf 12, die Korvetten auf 8 Geschütze gebaut, während die Kuppelschiffe je nach der Anzahl der
Kuppeln oder Thürme und je nachdem eine Kuppel mit einem oder
zwei Geschützen armirt wurde, 1 bis 6 Geschütze erhielten. Bei
den Korvetten und Fregatten kamen dann noch die verschieden-
artigsten Vertheilungen der Geschütze auf Borde, Vorder- und
Hintertheil, in Batterieen aller möglichen Konstruktionen vor, so
daß von einer Einheit nicht die Rede ist und jedes Schiff ein besonderes Studium des Fachmannes erfordert, der es führen soll.

Sobald der Satz angenommen war, daß fortan nur Panzerschiffe als eigentliche Kriegsschiffe zu gebrauchen seien, begann das
Duell zwischen dem Panzer und der Schiffskanone; ward deren
Kaliber größer, so ward der Panzer dicker, dann wieder das
Kanonenkaliber größer u. s. f. Man weiß nicht, wo das aufhören
muß, und wer zuerst aufhören muß, der Panzer oder die Kanone.
Denn die moderne Industrie findet immer neue Mittel, und Europa
hat — — für den Krieg „heidenmäßig viel Geld". Im Jahre
1858 genügte noch ein Panzer von 8 Centimetres (2½ Zoll) und
selbst weniger; 1868 war ein solcher Panzer „Blech", unter 18
Centimeter (6 Zoll) that man es nicht mehr und für die empfindlichsten Stellen verlangte man selbst 24 Centimeter (8 Zoll); 1869
schüttelten die Sachverständigen schon über diese Stärke unbehaglich
die Köpfe. — Da man nun den Panzer nicht über die ganze
Schiffsoberfläche verbreiten kann, ihn gewöhnlich nur bis höchstens
6 Fuß unter die Wasserlinie gehen ließ, wo bleibt die Sicherheit

auch des bestgepanzerten Schiffes gegen die Torpedos? die unterseeischen Minen? Wer weiß das? Vielleicht wirft auch das Schiff bald den Panzer wieder ab, weil er ihm zu bld ward, wie es vor Jahrhunderten dem geharnischten Reiter passirt ist.

Die gezogenen Geschütze, welche in neuester Zeit auf den schweren französischen Schiffen gebraucht werden, haben Kaliber von 16 Centimeter, das Geschoß mit Pulver geladen wiegt 62, das Vollgeschoß ausgegossen, 90 Pfund, — von 27 Centimeter mit Geschossen von 300 und beziehungsweise 432 Pfund, — dazwischen noch die Stufen von 19 und 24 Centimeter.

Besonders seit 10 Jahren, im Allgemeinen aber von der Zeit an, da England die anerkannte Führung in Allem, was auf das Seekriegswesen Bezug hat, verloren, hat in Europa die Anerkennung der allerdings sehr einfachen Wahrheit an Verbreitung gewonnen, daß der Seekrieg nur in dem Maße an wirklicher Bedeutung zunehmen könne, in welchem er sich dem Landkrieg anschließt und mit diesem in eine bestimmte Verbindung gebracht wird.

Die Kapereien auf offener See, ohnedieß durch den Pariser Vertrag von 1856 sehr eingeschränkt, thun wenig. Man muß Landungstruppen an den feindlichen Küstenpunkten ausschiffen können, welche man überhaupt angreifen will. Dazu ist eine Transportflotte nöthig. Eine sehr entwickelte Handelsmarine kommt dieser sehr zu Hülfe; indessen was beispielsweise den Pferdetransport im Großen, manche sonstigen rein militärischen Aufgaben betrifft, muß man auch bei der Marine militärische Vorbereitungen treffen, um die Wirkung einer Transportflotte zu sichern. — Es verhält sich mit den Militärtransporten zur See genau wie mit den Militärtransporten auf Eisenbahnen.

In Frankreich ward seit dem Herbste 1866 auf die Bildung einer Transportflotte hingearbeitet, welche unter Zuhülfenahme des durchschnittlich verfügbaren Theils der Handelsflotte, auf einmal 40,000 Mann mit 12,000 Pferden, allem zugehörigen Artillerie-, Genie- und Verwaltungsmaterial auf Meeresstrecken hin befördern könnte, welche von gewöhnlichen Postdampfern in etwa 3 mal 24 Stunden zurückgelegt werden.

In dieser Beziehung ward Vieles und wohl das Verlangte geleistet. Freilich, wenn man keine Landungstruppen übrig hat, wird auch die größte Transportflotte überflüssig.

Die Matrofenbemannung der französischen Kriegsflotte wird, — ganz unabhängig von dem Kontingent für die Landarmee, — gewonnen durch die „Inscription maritime", die Einschreibung der geeigneten jungen Leute der Küstenbevölkerung, Fischer und Schiffer.

Die Zahl der für die Kriegsflotte eingeschriebenen Seeleute beläuft sich mit geringen Schwankungen auf etwa 170,000 Mann. Sie genügt also mehr als vollständig zur Beibringung der Matrofenbemannung, namentlich in der modernen Zeit, da der Dampf wesentlich die Segel, vor allen Dingen für die Momente des Kampfes ersetzt.

Wie schon früher erwähnt, werden dem jährlichen Rekrutenkontingent von 100,000 M., 9000 M. für die Marine, nicht etwa für die Matrofenbemannung, von welcher soeben die Rede war, sondern für die Formation der Marineinfanterie, der Marineartillerie und der Marineverwaltungstruppen entnommen.

Infanterie und Artillerie der Marine haben keineswegs nur den Zweck, die betreffenden Besatzungen der Kriegsschiffe zu stellen, vielmehr vorzüglich die Bestimmung von Kolonial- und Landungstruppen. Der Marschall Niel verlangte 1868 32,000 M. Marineinfanterie, 7000 M. Marineartillerie, also ungefähr 40,000 M. Marinetruppen, wenn man noch die Verwaltung hinzuzählt.

Bis 1868 hatte man bei einer jährlichen Abschreibung von 6500 M. vom jährlichen Kontingent nur etwa 20,000 M. Marinetruppen verfügbar; bei der nunmehr eintretenden Abschreibung von 9000 M. und bei der Erhöhung der Dienstpflicht von 7 auf 9 Jahre konnte man sicher allmälig auf den angezeigten Bedarf von 40,000 M. Marinetruppen gelangen.

Die Marineinfanterie zerfiel in 4 Regimenter von sehr großer und verschiedener Zahl der Kompagnieen, die Marineartillerie in 28 Batterieen.

Ein kombinirtes Regiment der Marineinfanterie von 2 Bataillonen zu 6 Kompagnieen ward in den letzten Zeiten jährlich in das Lager von Chalons gezogen, um dort mit den Landtruppen gemeinschaftlich geübt zu werden.

An der Spitze der Marineverwaltung stand 1870 der Admiral Rigault de Genouilly, geboren 1807; er trat 1827 aus der polytechnischen Schule in die Marine, ward 1841 Korvettenkapitän, Linienschiffskapitän am 22. Juli 1848 unter der Republik, Contreadmiral am 2. Dez. 1854, Bizeadmiral am 9. August 1858 und Admiral am 27. Januar 1864. Im Jahre 1867 ward er zum Marineminister berufen und verwaltete nach dem Tode des Marschalls Niel 1869 einige Tage provisorisch auch das Kriegsministerium. — Er hat von 1854 bis 1864 in der Krimm, in China und im Mittelländischen Meere bedeutende Kommando's gehabt, ohne daß von ihm etwas Besonderes hätte bemerkt werden können. Er galt stets für einen guten Imperialisten, Klerikalen und zu blutigen Repressionen im Bürgerkrieg geneigt.

4. Entwicklung der deutschen Geschichte vom Jahre 1866 bis zum Jahre 1870.

Der **Prager Frieden** am 23. August 1866 zwischen Preußen und Oesterreich geschlossen, ward der Anfang einer neuen Aera für Deutschland und damit für Europa.

Für die Neugestaltung Deutschlands ergab sich aus den Bestimmungen des Prager Friedens im Wesentlichen Folgendes:

1. der **alte deutsche Bund** wird vollständig aufgelöst und **abgeschafft**, auch sein Name soll nunmehr verschwinden;

2. **Oesterreich** begibt sich für die Zukunft aller Einmischung in die Angelegenheiten derjenigen deutschen Länder, welche nicht direkt der habsburgischen Krone unterworfen sind;

3. **Preußen vergrößert sich durch Annexionen** in Norddeutschland, — Hannover, Kurhessen, Nassau, Schleswig-Holstein;

4. Preußen bildet einen **Norddeutschen Bund,** in welchen auch das Königreich Sachsen einbezogen wird und der im Süden bis zur Mainlinie reicht;

5. die **süddeutschen Staaten**, Bayern, Würtemberg, Baden, Hessen-Darmstadt südlich dem Main, bleiben sich selbst überlassen. Sie mochten immerhin in einen süddeutschen Bund zusammentreten und dieser mochte sich dann auch mit dem Norddeutschen Bunde in irgend ein Verhältniß setzen.

Preußen und Süddeutschland hatten 1866 mit einander Krieg geführt und doch hatten sie an der gemeinsamen **Zollvereinsgrenze** gegen das Ausland die Zölle für einander erhoben. Im Ausland fiel dieser charakteristische Umstand sogleich auf; allen Deutschen aber erschien er so selbstverständlich, daß sie ihn nirgends selbst in ihren Streitschriften gegen einander erwähnten. Das

ist doch gewiß etwas Merkwürdiges. Wie war seit 1848 das Ge- X
fühl der Deutschen für ihre nationale Zusammengehörigkeit gewachsen!

In der Schwebe blieben die früheren Bundesländer Luxem-
burg und Limburg, dann ein nicht genau definirter Theil von
Nordschleswig, welcher möglicher Weise an das Königreich
Dänemark zurückgegeben werden konnte.

Die positive politische Arbeit Deutschlands kon-
zentrirte sich für die nächste Zeit zufolge dem Prager Frieden auf

die Vollbringung der direkten Vergrößerung Preußens
durch die Annexionen in Norddeutschland;

die indirekte Vergrößerung Preußens durch die
Herstellung des Norddeutschen Bundes;

die Herstellung irgend eines genügenden Verhältnisses zu den
süddeutschen Staaten;

die Auseinandersetzung wegen Luxemburg-Limburgs
und Nordschleswigs.

Was die beiden letztern Punkte betrifft, war an und für sich
eine Einmischung des Auslandes nicht beseitigt.

Die Annexionen, welche Preußen direkt verlangt hatte, waren
— ohne irgend welche Schwierigkeiten von irgend welcher Seite —
am 24. Januar 1867 vollbracht. Preußen hatte sich an diesem Tage von 5086³/₄ Quadratmeilen mit 19,305,000 Einwohnern, die es anfangs 1866 besaß, auf 6395¹/₂ Quadratmeilen
mit 23,600,000 Einwohnern vergrößert.

Die Begründung des norddeutschen Bundes machte
auch keine Beschwerden. Ende August hatten die meisten der
Regierungen, welche Preußen überhaupt in den norddeutschen Bund
hineinziehen wollte, sich für den Beitritt erklärt; die Widerstrebenden
mußten rasch folgen.

Am 12. Februar 1867 schon konnten die Wahlen stattfinden zu dem ersten oder konstituirenden norddeutschen Reichstage. Am 24. Juni 1867 konnte die Verfassung des norddeutschen Bundes in Preußen verkündet werden. Daß diese Arbeit so rasch vollbracht ward, dazu hatte nicht wenig die Luxemburger Verwicklung beigetragen, deren wir früher erwähnten.

Mit den Annexionen waren allerdings die Fürsten, welchen ihre Länder entzogen werden mußten, nicht zufrieden und besonders nahmen zwei von ihnen, der König Georg von Hannover und der Kurfürst von Hessen eine feindselige Haltung gegen Preußen an, welche dieses bewog, ihnen die Entschädigungsgelder nicht zu zahlen, welche ihnen anfangs bewilligt werden sollten. Beide Fürsten hatten begreiflicher Weise in ihren Ländern Parteien, die des Kurfürsten von Hessen war verschwindend klein, scheinbar größer und hartnäckiger die des Königs von Hannover oder wenigstens des Welfenthums.

Für dieses kam es sogar zu einer militärischen Formation. Von dieser sogenannten „Welfenlegion" sind hier einige Worte zu sagen:

Eine Anzahl hannoverscher Soldaten, welche sich dem preußischen Regiment nicht unterwerfen mochten, hatten Hannover schon im Frühherbst 1866 verlassen und waren nach Holland gegangen, nicht ohne die Einwirkung hannoverscher Offiziere, hartnäckiger Parteigänger des Königs Georg, der seinen Hofhalt in Hietzing bei Wien etablirt hatte. Die meisten von diesen Sezessionisten waren in einem doppelten guten Glauben, in gutem Glauben Preußenfeinde und in dem guten Glauben, daß die durch den Krieg von 1866 für Deutschland geschaffene Ordnung keinen langen Bestand haben werde. Schwerlich machten sie sich anfangs eine klare Vorstellung davon, in welcher Weise die Restauration der alten

Zustände erfolgen sollte. Indessen unterwarfen sie sich in Holland einer Art von militärischer Organisation, und als im Frühling 1867 die Luxemburger Verwicklung auftrat, nahmen die Dinge und die Absichten eine bestimmtere Gestalt an. Nun wurden in Hannover förmliche Werbungen für die „Welfenlegion" veranstaltet. Den Anzuwerbenden wurden goldene Berge versprochen, welche nicht bloß alte Soldaten und treue Anhänger des Königs Georg anlockten, sondern auch viele junge Leute, welche noch nicht gedient hatten und sich der preußischen Militärpflicht entziehen wollten, daneben, obgleich in geringer Zahl, pure Strolche, welche auf bequeme und „ehrenvolle" Weise der heimischen Justiz zu entgehen gedachten, indem sie in die Welfenlegion eintraten.

Deren Hauptquartier war zu Arnheim und die Organisation ward in dieser Zeit eine ziemlich regelrechte. An der Seite der siegreichen Franzosen sollte die Legion den König Georg bald wieder nach Hannover zurückführen.

Indessen die Dinge kamen anders; die Londoner Konferenzen brachten die friedliche Vermittlung. Anfangs hatten die holländischen Behörden sich um die Legion eigentlich nicht bekümmert; nun wurden sie veranlaßt, derselben eine unangenehme Aufmerksamkeit zu widmen.

Die Führer der Legion hielten dieselbe zusammen durch den Spruch, daß aufgeschoben nicht aufgehoben sei, und durch die Furcht vor dem preußischen Militarismus.

Die Legion ward in der Mitte des Jahres 1867 nach der Schweiz übergesiedelt.

Hier verhielten sich die Hannoveraner ruhig. Allein, wer auch nur einen oberflächlichen Blick in die für sie gemietheten Lokale thun konnte, erhielt den Eindruck, daß diese Lokale Kasernen seien. Die Mannschaften waren weder uniformirt noch bewaffnet, allein sie standen unter einer militärischen Disziplin, die mit großer Autorität von alten Unteroffizieren geübt ward. Die Offiziere schwebten vornehm, wie Götter, über den Wassern.

Plötzlich, anfangs Februar 1868, verließen die Hannoveraner die Schweiz. Es ward verbreitet und namentlich von einigen ihrer Offiziere behauptet, sie seien von der Eidgenossenschaft ausgewiesen worden. Dieß war unrichtig; allerdings war die Welfenlegion überwacht worden, dieß war unumgänglich nöthig, da die Schweiz durch ihre von Europa garantirte Neutralität die Verpflichtung selbstverständlich übernommen hat, europäischem Friedensbruch zu steuern, der auf ihrem Gebiet etwa vorbereitet werden sollte.

Die Hannoveraner gingen nun nach Frankreich und zwar mit österreichischen Pässen, welche verschiedene Bedenken und diplomatische Korrespondenzen veranlaßten.

Obgleich es dem Kaiser Napoleon damals gar nicht auf einen Krieg mit Deutschland ankam, hatte man doch in Deutschland gewiß ein Recht, über diese Uebersiedlung besondere Gedanken zu hegen, und es war unter diesen Umständen, daß die Beschlagnahme des Vermögens des Königs Georg oder der ihm zugebilligten Entschädigung für den Verlust seines Thrones erfolgte.

In derselben Zeit, da die Welfenlegion nach Frankreich versetzt ward, beging das hannoversche Königspaar am 18. Februar 1868 die Feier seiner goldenen Hochzeit. Zahlreiche Partisane des Welfenthums begaben sich zu dieser Feier nach Hietzing, welcher — für den unparteilschen Beobachter — fast allenthalben weit mehr Bedeutung zugeschrieben wurde, als sie in der That verdiente.

Die Welfenlegion, welche im Ganzen genommen aus braven

jungen Leuten bestand, machte sich in Frankreich, kaum dort ange-
langt, bald durch willige Beihülfe in der Landwirthschaft sehr
nützlich.

Im Nordosten Frankreichs war in diesem Jahre die Mai-
käferplage besonders stark aufgetreten.

Nur wenige Legionare machten nach und nach von der ihnen
von Preußen gewährten Erlaubniß Gebrauch, straffrei in die Heimath zurückzukehren. Die armen Leute waren sehr isolirt, sprachen
kein · französisch, bekamen keine deutschen Zeitungeu in die Hand
und konnten daher leicht von dem Komite am Gängelbande geführt werden, welches in Paris saß und dessen Seele der Major
von Düring und der Herr von Mebing waren. Man klagte, daß
die nach Hannover zurückgekehrten Mannschaften dort von den
preußischen Behörden dem Versprechen zuwider verfolgt und mit
Härte behandelt würden.

Als zu Ende des Jahres 1869 die Hoffnung auf einen bal-
digen Krieg zwischen Preußen und Frankreich immer geringer ward,
begann man im hannoverschen Lager von einer Aenderung in
der Stellung der Welfenlegion zu sprechen, welche dem
König Georg schmerzliche Opfer kostete. Die Hofpartei in Hietzing
rieth dem König Georg zu gänzlicher Auflösung der Legion; dagegen hatten die Führer derselben zu Paris ein anderes Projekt
im Kopfe und zwar folgendes: König Georg sollte von Frankreich
ein bedeutendes Gebiet in Algerien erwerben; auf diesem sollten
die Legionare kolonisirt werden, aber zugleich unter ihren bisherigen
Führern militärisch organisirt bleiben, etwa wie die Bewohner der
österreichischen Militärgrenze. Auf diese Weise hätte man ein afri-
kanisches Hannover gehabt, welches auch fernerhin allen
bedrängten Hannoveranern eine neue Heimath bieten und sich
beständig vergrößern könnte.

Da sich Frankreich gar nicht geneigt zeigte, ein solches Gebiet in Afrika um einen Spottpreis herzugeben und da eine solche militärische Kolonie für denjenigen, welcher sie doch wenigstens im Anfang unterhalten soll, stets eine sehr kostspielige Sache ist, so ward dieses Projekt von Hietzing her abgelehnt und da einige der Pariser Führer dennoch auf dessen Durchführung bestehen wollten, so zogen sie sich die Ungnade des Königs Georg zu.

Am 15. April 1870 wurde die Welfenlegion förmlichst auf - gelöst; jeder Legionär erhielt als Abfindung 400 Frkn.; außer- dem Reisegeld, um sich zu begeben, wohin er wollte. Viele Legionäre gingen nach Amerika, verhältnißmäßig wenige kehrten nach Han- nover zurück oder blieben iu Frankreich. Die Legion soll bei ihrer Auflösung 1400 M. stark gewesen sein. Sofern dies richtig ist, hatte sie sich in Frankreich quantitativ ansehnlich verstärkt, da sie in der Schweiz höchstens 700 M. zählte.

Beim Ausbruch des Krieges erbot sich ein Herr von Ma- lortie, die Welfenlegion in und für Frankreich wieder zu errichten und versprach massenhaften Zulauf. Das französische Kriegsmini- sterium lehnte damals sein Anerbieten ab. Das Dekret aber, welches bald darauf die Errichtung eines fünften Bataillons des Fremdenregiments anordnete, war doch wohl wesentlich in Folge des Anerbietens des Herrn von Malortie erlassen.

Die süddeutschen Staaten waren durch die Theorie des Prager Friedens ein jeder sich selbst überlassen, konnten sich unter einander verständigen, um einen süddeutschen Bund zu schließen; dieser wieder konnte sich durch einen internationalen Vertrag mit Norddeutschland verbinden.

Praktisch standen die Dinge wesentlich anders.

Als Preußen mit den süddeutschen Staaten 1866 Frieden schloß, hatte Bismarck die letzteren zugleich zum Abschluß von

Offensiv- und Defensivbündnissen veranlaßt, welche dem
König von Preußen im Kriegsfall den Oberbefehl über die süddeutschen Heere sicherten. Er hatte die Süddeutschen zum Abschluß
dieser Verträge in ihrem eignen Interesse veranlaßt, indem
er sie auf die verlockenden Anträge hinwies, die Preußen von
Frankreich wiederholt gemacht waren und denen es durch theilweise Opferung der Süddeutschen leicht entgegenkommen konnte,
wenn es nur in seinem preußischen, nicht im deutschen Interesse zu handeln gedächte.

Ein weiteres Band waren die alten, nie aufgehobenen, faktisch
durchaus nicht beschädigten Zollvereinsverträge, auf deren
Verbesserung im Sinne besserer Einheit Preußen schon in seinen
Friedensschlüssen mit den Süddeutschen Rücksicht nahm.

Drittens hatte Hessen-Darmstadt ein ganz eigenthümliches
Verhältniß; mit einem Fuß stand es im norddeutschen Bunde,
mit dem andern außerhalb desselben. Auf die Dauer konnte der
kleine Staat diese Stellung unmöglich aushalten und nach dem
politischen Gravitationsgesetz war es nicht zweifelhaft, daß er gezwungen sein werde, sich in allem Entscheidenden Preußen oder
dem norddeutschen Bunde anzuschließen.

Das Zustandekommen eines süddeutschen Bundes hatte
von vornherein Schwierigkeiten. In Baden wünschte Volk und
Regierung den Anschluß an den norddeutschen Bund, als den ein-
fachsten Ausweg aus der gegebenen Verwirrung.

In Würtemberg arbeitete besonders die demokratische oder
Volkspartei — mit stark bourgeoiser Färbung — gegen Preußen
und für einen süddeutschen Bund. Die Partei der sogenannten
„Preußen" war in Würtemberg sehr schwach vertreten. Außer der
Volkspartei und den „Preußen" gab es dann noch eine Regierungs-
partei von der Art, wie sie überall sind, ohne bestimmtes Ziel

und bestimmten Zweck, in kleinen Staaten besonders mehr durch persönliche und Familieninteressen, als durch allgemeine politische zusammengebracht und zusammengehalten.

Wenn ein süddeutscher Bund zu Stande gebracht werden sollte, so mußte offenbar Baiern als das größeste der süddeutschen Länder in ihm die Hauptrolle spielen, etwa so wie Preußen im norddeutschen Bunde. Allein weder Hessen, noch Badenser, noch Würtemberger hatten Lust, Baiern eine solche Rolle einzuräumen, welcher Partei immer sie angehören mochten.

In Baiern selbst unterschied man drei Parteien, die Patrioten oder Ultramontanen, wesentlich Partikularisten; doch unter bestimmten Umständen einem Südbund nicht abgeneigt, — die deutsche Partei, welche für den Anschluß an Norddeutschland war, — und die schwach vertretenen sogenannten Wilden ehemalige Großdeutsche, welche zwar nicht sich darein ergeben konnten, Preußen in die Arme zu fallen, aber doch auch einen heiligen Respekt hatten vor dem Bunde mit den Patrioten, die bei den Wahlen von 1869 z. B. 24 katholische Geistliche in die Abgeordnetenkammer lieferten. Die deutsche Partei war besonders im Norden Baierns, doch mit Ausschluß der alten Bischofsländer Bamberg und Würzburg, dann in den großen industriellen und Handelsstädten vertreten, — die Patriotenpartei im altbairischen Süden und in allen ehemals geistlichen Ländern.

Zwischen der Volkspartei in Würtemberg und der Patriotenpartei in Baiern bildete ein Band die gemeinsame Feindschaft gegen den Militarismus. Allein die inwendigen Unterschiede der beiden Parteien in den Hauptsachen waren doch so gewaltige, daß nicht einmal in diesem Punkt eine Einigung zwischen ihnen möglich erschien. Eine gewisse deutsche Scham hielt jede der Parteien, wenn einmal diese Frage aufgeworfen ward, davon ab, sich der andern zu nähern.

So sieht man, daß in Süddeutschland Preußens Spiel eigentlich gemacht war. — Baden hätte den augenblicklichen Eintritt in den norddeutschen Bund gewollt, Hessen-Darmstadt wäre dann mit fortgerissen worden, gezwungen und troß aller Feinde Preußens, die noch im Ministerium die Oberhand hatten.

Bismarck wollte Frieden; er wollte nicht einmal den Schein, als fordere er Frankreich heraus. Auf den Einzeleintritt eines süddeutschen Staates in den Nordbund konnte es wirklich nicht ankommen. Mit den Militärverträgen vom Herbst 1866 und den alten zu verbessernden Zollvereinsverträgen hatte der norddeutsche Bund alle Möglichkeit, ruhig abzuwarten. Einzelne Ausfälle der preußischen Nationalliberalen, die zu entschiedenem Auftreten für die Einigung Deutschlands aufforderten, konnten dem norddeutschen Bundeskanzler nicht ganz unangenehm sein, obgleich sie ungeschickter Weise immer wie auf Kommando des Bundeskanzlers erfolgten.

Sobald der Abschluß des norddeutschen Bundes gesichert erschien, trat die preußische Regierung in Verhandlungen mit den süddeutschen Regierungen über die neue Ordnung des Zollvereins. Am 4. Juni 1867 schon ward eine vorläufige Uebereinkunft, am 8. Juli 1867 dann ein vollständiger Vertrag geschlossen.

Im norddeutschen Bunde existirten die wesentlich nur in militärischen Dingen und in einzelnen administrativen Angelegenheiten beschränkten Regierungen der einzelnen Staaten und die Landtage der einzelnen Staaten, theilweise mit zwei sonderbar und im Widerspruch zu einander construirten Häusern oder Kammern fort und nicht bloß theoretisch war der Landtag von Sachsen-Koburg-Gotha (ach! es gab deren sogar zwei) dem Landtag des großen Preußens gleichgestellt.

Ueber diesen Gewässern schwebte nun zunächst die parla=
mentarische Regierung des norddeutschen Bundes,
bestehend aus dem König von Preußen als Präsidenten, dem
Bundeskanzleramt, welches im Wesentlichen Graf Bismark war,
dem von den norddeutschen Regierungen beschickten Bundesrath
(halb Staatenhaus, halb Ministerium), endlich dem norddeutschen
Reichstag, welcher aus direkten Wahlen hervorging.

Dieser norddeutschen Regierung sollte sich nun die allgemeine
deutsche Zollvereinsregierung anschließen.

Für dieselbe ward ein Zollbundesrath gebildet, bestehend
aus den Vertretern des norddeutschen Bundesraths, dann aus
6 Stimmen für Baiern, 4 für Würtemberg, je 3 für Baden
und Hessen-Darmstadt. Im Ganzen hatte der Zollbundesrath 58
Stimmen, von denen nur 17 auf die Präsidentialmacht Preußen
fielen.

Neben den Zollbundesrath ward gestellt das Zollparlament, bestehend aus den Mitgliedern des deutschen Reichs=
tags und Abgeordneten der süddeutschen Staaten, welche in allge=
meiner, direkter, geheimer Wahl erwählt werden sollten. Das ganze
Zollparlament sollte 382 Mitglieder zählen, von denen 297
auf den norddeutschen Reichstag, 85 auf die süddeutschen Staaten
kämen.

Man wird zugestehen, daß die Verfassung des modernen
deutschen Reichs mit allen diesen über einander ge=
schachtelten Regierungen und Reichs= und Landtagen
eine höchst komplizirte Sache war, mindestens ebenso kom=
plizirt als die alte Bundesverfassung, aber doch nur äußerlich,
denn innerlich war in ganz Deutschland ein Zug hineingetragen
auf das Zusammenfassen; außerdem war das alte Liberum
veto durch die Einführung parlamentarischer Versammlungen für

alle Verhältniſſe, wenn auch nicht auf einen Schlag, ſo doch gewiß bald abgeſchafft und die Konfuſion der neu eingeführten
pyramidalen und ſchneckenartigen Verhältniſſe mußte ja bald allen
Menſchen zu Gemüthe führen, daß ſie, dieſe Konfuſion,
nicht auf die Dauer erhalten werden könne, daß die Vereinfachung,
wie immer es kommen möge, aus ihr hervorgehen müſſe.

Dieſe Anſicht ſchlug auch im Weſentlichen durch, und
Widerſtand gegen die neue Organiſation des Zollvereins ward
nur von der bairiſchen Reichrathskammer geleiſtet, welche
indeſſen naturgemäß auch bald zum Nachgeben gezwungen war.

Im Februar 1868 fanden die Wahlen zum erſten Zollparlament ſtatt. Bei denſelben gab ſich immerhin ein Mißtrauen gegen die preußiſchen Abſichten kund, und die Parole, wenn
man Baden ausnimmt, war, nur ſolche Männer in das Zollparlament zu wählen, welche jedem Hinausgehen über die Zwecke
des Zollvereins bis zu einer innigeren Verbindung Südbeutſchlands mit Nordbeutſchland entgegentreten würden; jeder Unter-
werfung Südbeutſchlands unter die preußiſche Herrſchaft.

Das erſte Zollparlament trat am 27. April 1868 in Berlin
zuſammen. Seine Reſultate waren — im Verhältniß zu den in
Nordbeutſchland gehegten Erwartungen — äußerſt geringe. Die
„glühenden“ nordbeutſchen Nationalliberalen ſtießen bei allen ihren
Ueberrumpelungsverſuchen durch Adreßdebatten, Feſteſſen und Feſt-
trinken auf ein unüberwindliches Mißtrauen bei den Südbeutſchen
und dieſes Verhältniß erfuhr im Weſentlichen auch bis zum Jahre
1870 keine Aenderung, in deſſen Frühling in Südbeutſchland,
d. h. im Beſondern in Würtemberg und Baiern die Fahne des
Kampfes gegen den Militarismus erhoben ward.

Wir haben noch der Auseinanderſetzung Preußens in ſeinen
äußeren Verhältniſſen, namentlich zu Luxemburg-Limburg und

zu Nordschleswig zu gedenken. Was Luxemburg betrifft, so ist das Nothwendige schon erwähnt worden; Limburg, welches 1839 dem deutschen Bunde nur als Ausgleich für den westlichen Theil des alten Großherzogthums Luxemburg zugewiesen war, fiel nun durch den Londoner Vertrag von 1867 unbedingt und einfach wieder an das Königreich Holland zurück.

Eine Rückabtretung nordschleswigscher Bezirke an Dänemark war im Prager Frieden vorgesehen worden. Frankreich und Oesterreich nahmen sich bei dieser Gelegenheit Dänemarks an, und namentlich das erstere behauptete zu Zeiten, daß es ein Recht habe, sich in diese „europäische" Frage einzumischen, — was von Preußen stets höflich, aber bestimmt abgewiesen ward.

Die nordschleswigschen Deputirten im preußischen Landtag und im deutschen Reichstag protestirten beständig gegen die Vergewaltigung des dänischen Elements.

Allein die Frage war schwieriger, als man gewöhnlich annimmt. Eine leicht zu erkennende Naturgrenze giebt es in Schleswig nicht; eine Nationalitätengrenze ist um so weniger leicht zu finden, als das dänisch-norwegische doch nur ein germanischer Dialekt ist, der sich in unzähligen Abstufungen innerhalb Schleswigs, in allen möglichen Uebergängen zeigt, wobei noch deutsch und dänisch viel durcheinander gesprochen wird. Die Städte sind bis in den höchsten Norden Schleswigs hinauf durchaus deutsch.

Die Dänen hätten natürlich gewünscht, daß ihnen ganz Schleswig wieder zufalle. Die Deutschen wollten womöglich ganz Schleswig behalten, namentlich aber alle deutschen Städte, oder dann, wenn in dieser Hinsicht Konzessionen gemacht werden sollten, wenigstens Garantieen für den Schutz des deutschen Elementes in den abzutretenden nordschleswigschen Strichen haben.

Diese **Garantiefrage** war es, welche sich die beiden streitenden Parteien in allen Formen und bei allen Gelegenheiten gegenseitig ins Gesicht warfen, wobei natürlich nichts heraus kam, als der Vorbehalt für fremde Mächte, insbesondere Frankreich und Oesterreich, sich dieser Frage in einem ihnen günstig scheinenden Zeitpunkt „uneigennützig" zu bemächtigen.

5. Die Entwicklung des deutschen Heerwesens vom Jahre 1866 bis 1870.

Schon während des Krieges von 1866 hatte **Preußen** im Hinblick auf die vorzunehmenden Annexionen Vorbereitungen zur Vergrößerung seiner Armee getroffen und nach der Beendigung des Krieges war es ihm leicht, nicht bloß die annectirten Provinzen, sondern auch die Länder des norddeutschen Bundes in sein militärisches System hineinzuziehen.

Vor dem Prager Frieden hatte **Preußen** ein Garde-korps und 8 Provinzialarmeekorps.

Eines dieser neun Armeekorps war im Allgemeinen, ganz unwesentliche Abweichungen kommen nicht in Betracht, organisirt wie das andere. Die Linientruppen — aktiven und permanenten Bestandtheile — eines Armeekorps waren:

neun Infanterieregimenter zu 3 Bataillonen;

ein Jägerbataillon;

sechs Kavallerieregimenter;

eine Artilleriebrigade, welche in ein Feld- und ein Festungs-artillerieregiment eingetheilt ward;

ein Pionnierbataillon und

ein Trainbataillon.

Jedes Armeekorps repräsentirte in seinen Feldtruppen auf dem Kriegsfuß einen Bestand von etwa 30,000 M. Infanterie und Kavallerie mit 96 Feldgeschützen.

Die Verstärkung eines jeden Truppenkörpers war bei der vorhandenen ausgebildeten Mannschaft und den eingelebten organischen Einrichtungen mit keinen Schwierigkeiten verbunden. Neue Kompagnieen, Bataillone und Schwadronen waren leicht zu bilden; die Basis dazu lieferten in erster Linie die Ersatztruppen, in zweiter traten die Landwehren ein, um die Besatzungen der Festungen und sonstigen Militärplätze, dann auch strategische Reserven für das im Ausland kämpfende Linienheer zu liefern.

Die preußische Regierung beschloß in Folge der direkten Annexionen drei neue Armeekorps zu bilden, so daß die preußische Armee außer dem Gardekorps, welches sich aus dem ganzen Staat rekrutirte, elf Provinzialkorps enthielte.

Thatsächlich wurden statt der 27 neuen Infanterieregimenter, welche die Bildung von 3 neuen Armeekorps eigentlich erfordert hätte, nur 16 formirt; die Lücke sollten die Kontingente der kleinen Staaten des norddeutschen Bundes füllen.

Ein zwölftes Armeekorps (Provinzialarmeekorps) stellte bei seinem Eintritt in den norddeutschen Bund das Königreich Sachsen auf.

Wir wollen zuerst waffenweise die Organisation betrachten, wie sie mit dem Jahre 1868 vollendet war, und zwar nur für den norddeutschen Bund, indem wir die Landwehr und das Großherzogthum Hessen ganz aus dem Spiel lassen.

Für die Infanterie stellt sich die Sache folgendermaßen:
Preußisches Gardekorps: 4 Garderegimenter zu Fuß;

4 Gardegrenadierregimenter;

1 Gardefüsilierregiment;

1 Gardejägerbataillon;

1 Gardeschützenbataillon;

zusammen 29 Bataillons Infanterie.

Provinzialtruppen (einschließlich des 12. sächsischen Armeekorps):

88 preußische Infanterieregimenter, mit den Nummern 1 bis 88, worunter 12 Grenadierregimenter, Nr. 1 bis 12, und 8 Füsilierregimenter, Nr. 33 bis 40.

17 Bundesinfanterieregimenter, nämlich

2 mecklenburgische, Nr. 89 (Grenadiere) und Nr. 90 (Füsiliere), zum IX. Armeekorps gehörig;

1 oldenburgisches, Nr. 91 (X. Armeekorps);

1 braunschweigisches, Nr. 92 (X. Armeekorps);

1 anhaltisches, Nr. 93 (IV. Armeekorps);

1 (siebentes) thüringisches, Nr. 96 (IV. Armeekorps), gestellt von Sachsen-Altenburg und Reuß;

1 (fünftes) thüringisches, Nr. 94 (XI. Armeekorps), gestellt von Sachsen-Weimar.

1 (sechstes) thüringisches, Nr. 95 (XI. Armeekorps), gestellt von Sachsen-Koburg-Gotha und Sachsen-Meiningen-Hildburghausen-Saalfeld;

9 Regimenter (Nr. 100 bis 108) des sächsischen oder zwölften norddeutschen Armeekorps, worunter 2 Grenadierregimenter (100 und 101), ein Füsilierregiment (Nr. 108).

Die Nummern 97, 98 und 99 fehlen in der Reihe der norddeutschen Provinzialregimenter. In Folge verschiedener besonderer Militärkonventionen stellte Preußen für einige kleinere Staaten Regimenter auf oder verlegte vielmehr in deren Gebiete Regimenter. Im Anfang war dies neue Verhältniß noch nicht vollständig geordnet und deßhalb blieben vorläufig die Nummern 97, 98 und 99 offen.

Provinzialjägerbataillone ergeben sich

11 mit den Nummern 1 bis 11 für die preußischen Korps;

 2 sächsische (XII. Armeekorps), Nr. 12 und 13;

 1 mecklenburgisches, Nr. 14.

Rekapituliren wir die Infanterie, so haben wir:

9 Garderegimenter à 3 Bat. =	27	Bat.
88 preußische Infanterieregimenter à 3 Bat. =	264	„
17 Bundesinfanterieregimenter à 3 Bat. =	51	„
2 Gardejägerbataillone =	2	„
14 Provinzialjägerbataillone =	14	„
	Total 358	Bat.

Das Bataillon ist im Durchschnitt beim Beginne des Feld=zugs zu 1000 Combattanten anzunehmen und zerfällt in 4 starke Kompagnieen.

Bei einer Mobilisirung wird sofort für jedes Infan=terieregiment ein Ersatzbataillon von 1000 M. und für jedes Jägerbataillon eine Ersatzkompagnie von 200 M. aufgestellt.

Ohne Schwierigkeit kann binnen spätestens zwei Monaten jedes Ersatzbataillon sich verdoppeln, dergestalt, daß es erstens ein 4. Bataillon für den Felddienst bereit macht und zweitens ein neues Ersatzbataillon bildet.

Demnach kann die norddeutsche Infanterie ohne Improvi=sation ins Feld stellen

in erster Linie (Infanterie und Jäger)	358,000 M.
in zweiter Linie „ „	117,200 „
	Zusammen 475,200 M.

Für die Kavallerie traten durch den Feldzug von 1866 und die Annexionen u. f. w. bedeutende Aenderungen ein.

Die Gardekavallerieregimenter wurden nach 1866 nicht vermehrt. Die Gardekavallerie zählte nach wie vor:

1 Regiment Gardes du Corps;

1 „ Küraffiere;

2 „ Dragoner;

1 „ Hufaren;

3 „ Ulanen (Lanciers), alfo im Ganzen 8 Regimenter.

Auch die Zahl der Küraffierregimenter der Linie wurde nach den Annexionen nicht vergrößert, es blieben die 8 alten Linienküraffierregimenter Preußens bestehen.

Ganz anders verhielt es sich mit den Dragonern, Hufaren und Ulanen.

Die Zahl der acht alten preußischen Dragonerregimenter ward nach 1866 auf 16 gebracht; dazu traten dann im norddeutschen Bunde die beiden mecklenburgischen Dragonerregimenter mit den Nummern 17 und 18, das oldenburgische Dragonerregiment Nr. 19 und die 4 alten fächsischen „Reiterregimenter", welche Titel und Nummer, von 1 bis 4, beibehalten. — Der norddeutsche Bund zählte alfo nun (die fächsischen Reiter eingerechnet), 23 Dragonerregimenter.

Die zwölf alten preußischen Hufarenregimenter wurden nach den Annexionen auf 16 gebracht und dazu trat dann im norddeutschen Bunde noch das braunschweigische Hufarenregiment Nr. 17. Der norddeutsche Bund hatte alfo 17 Hufarenregimenter.

Auch die zwölf alten preußischen Ulanenregimenter wurden nach den Annexionen auf 16 gebracht und es traten hinzu zwei neuerrichtete fächsische Ulanenregimenter, fo daß nun der norddeutsche Bund von diefer Truppe 18 Regimenter hatte.

Rekapituliren wir, fo erhalten wir folgende Zufammenstellung für die norddeutsche Kavallerie (wohlverstanden ohne Heffen-Darmstadt):

Preußische Garde 8 Regimenter;

Linie: Küraſſiere 8   „

Dragoner 23   „

Huſaren 17   „

Ulanen 18   „

zuſammen: 74 Regimenter.

Jedes dieſer Regimenter erhielt in der neuern Formation 5 Eskadrons, von denen 4 Feldſchwadronen, eine Depoteskadron. Auch dieſe letztere iſt im Frieden vollſtändig organiſirt; mit Hülfe des Reſerve- und Landwehrſyſtems wird es nun möglich, dieſe Depoteskadron bedeutend anſchwellen zu laſſen, ſo daß ſie den Kern zu neuen Reſerve-Feldſchwadronen und zu Beſatzungsſchwadronen der Landwehr für die Feſtungen, die Küſtenvertheidigung, die ſtrategiſchen Reſerven im Rücken der operirenden Armee bilden kann.

Jede Schwadron rückt mit 150 Kombattantenpferden ins Feld; es ſtellen alſo die 74 Reiterregimenter ins Feld

in erſter Linie   44,400 Pf.

in zweiter Linie (Depotſchwadron)   11,100 „

zuſammen 55,500 Pf.

Artillerie. Der Regel nach beſteht jede Artilleriebrigade aus einem Feldartillerieregiment und einem Feſtungsartillerieregiment. Bisher indeſſen haben die Brigaden des 9., 10., 11. und 12. norddeutſchen Armeekorps je nur eine Feſtungsabtheilung neben dem Feldregiment.

Jedes Feldartillerieregiment beſteht auf dem Kriegsfuß aus 5 Abtheilungen, nämlich 1 reitenden, 3 Fußabtheilungen und 1 Kolonnenabtheilung.

Das Material der Fußabtheilungen iſt neuerdings

derart umgewandelt worden, daß dieselben thatsächlich eine fahrende Artillerie darstellen.

Jede Fußabtheilung zählt 4 Batterieen und zwar 2 Batterieen gezogener 6-Pfdr. und 2 Batterieen gezogener 4-Pfdr., alles Hinterlader.

Jede reitende Abtheilung besteht seit Ende 1866 nur noch aus 3 Batterieen gezogener 4-Pfdr.

Alle Batterieen haben 6 Geschütze.

Jedes von den 13 Feldartillerieregimentern stellt nach dem Gesagten in erster Linie 15 Batterieen mit 90 Geschützen auf. Dazu kommt die Kolonnenabtheilung, welche aus 9 Kolonnen, nämlich 4 für Infanterie- und 5 für Artilleriemunition besteht.

Das Regiment hat 3731 M. (ohne Offiziere), 3358 Pferde und ausschließlich der Geschütze 385 Fahrzeuge.

Die 13 Feldregimenter stellen in erster Linie 1170 Geschütze.

Jedes Feldartillerieregiment formirt im Kriege eine Ersatz-abtheilung von 2 Fußbatterieen und 1 reitenden Batterie mit zusammen 18 Geschützen.

Dieses ergiebt für die 13 Regimenter des norddeutschen Bundes noch 234 Geschütze der zweiten Linie.

Die beiden oldenburgischen Batterieen — eine 6-Pfdr. und eine 4-Pfr. — und die braunschweigische gezogene 6-Pfdr. Batterie gehören zum 10. Feldartillerieregiment; die 4 mecklenburgischen, — 2 6-Pfdr. und 2 4-Pfdr. bilden die 3. Fußabtheilung des 9. Feldartillerieregiments.

Eine Festungsartillerieabtheilung hat 4 Kompagnieen; da es nun 22 Festungsabtheilungen giebt, so erhält man in den 13 norddeutschen Korps 88 Kompagnieen, welche im Kriege durch Einziehung von Reservisten und Landwehren auf das doppelte, also 176 Kompagnieen mit einem ungefähren Gesammt-stand von 36,000 M. gebracht werden.

Die Festungsartillerie dient nicht bloß zur Artilleriebesetzung der festen Plätze und Küstenbefestigungen, sondern sie liefert auch die Mannschaften zur Bestellung und Bedienung der Belagerungs-parks, welche im Fall eines Angriffskrieges formirt werden.

Genie. Das Genie besteht aus dem nur aus Offizieren zusammengesetzten Ingenieurkorps und dann aus 13 Pionnier-bataillonen zu 4 Kompagnieen im Frieden — 1 Mincure, 2 Sappeurs, 1 Pontonniers.

Ein mobiles Pionnierbataillon wird im Kriege in drei gleich starke Kompagnieen getheilt, denen je nach ihrer Bestimmung eine Schanzzeugkolonne, ein Avantgardebrückentrain oder eine Ponton-kolonne zugetheilt wird. Außerdem liefern die Pionnierbataillone die Cadres und den Mannschaftskern für die aufzustellenden Tele-graphen- und Eisenbahnabtheilungen. Jedes Pionnierbataillon for-mirt im Mobilmachungsfall eine Ersatzkompagnie.

Train. Jedes Armeekorps hat sein Trainbataillon, welches abweichend von den andern Truppentheilen zweimal im Jahre Rekruten empfängt, das eine Mal nur für eine sechsmonatliche Dienstzeit. Im Frieden sehr schwach, nimmt das Trainbataillon bei der Mobilmachung kolossale Dimensionen an, ganz abgesehen von den Trainsoldaten, welche den einzelnen Truppenabtheilungen speziell zugetheilt sind; es besteht dann nämlich aus

5 Proviantkolonnen zu 32 Fahrzeugen;

1 Feldbäckereikolonne mit 5 Fahrzeugen;

1 Pferdedepot mit 170 Pferden und 1 Fahrzeug;

3 Sanitätsdetachements (Ambulancen) nebst der entsprechenden Krankenträgerkompagnie für ein jedes, zu 10 Fahrzeugen;

1 Trainbegleitungseskadron zu 120 Pferden, 1 Fahrzeug;

1 Fuhrwerk-Parkkolonne, entsprechend den provisorischen Kompagnieen des französischen Equipagetrains, welche nach Bedarf formirt wird, jedoch im Durchschnitt zu 5 Abtheilungen, jede von 80 Fuhrwerken angenommen ist.

Da die Kavallerie bei ihrem hohen Friedensstand verhältnißmäßig wenig von ihren Reserven und Landwehren zu ihrer Mobilisirung einzuziehen braucht, so liefert sie dem Train ein stets sicheres und sehr ausreichendes Kontingent zur Kompletirung seiner Fahrer und Pferdewärter.

Behufs der Rekrutirung, Verwaltung, Aufstellung der Landwehren, Mobilisirung überhaupt ist das ganze Gebiet des norddeutschen Bundes (ohne Hessen-Darmstadt) in 12 Armeekorpsbezirke eingetheilt, einen für jedes der 12 Provinzialarmeekorps, während das preußische Gardekorps, das 13. der norddeutschen Bundesarmee aus dem ganzen preußischen Staate ergänzt wird.

Jeder Armeekorpsbezirk ist weiter abgetheilt und zwar in neun Hauptbezirke niederer Klasse, — der Regel nach, — unter denen ein Reservelandwehrbataillonsbezirk und acht Landwehrregimentsbezirke.

Der Reservelandwehrbataillonsbezirk findet sich in jedem Korpsbezirk, die Landwehrregimentsbezirke sind thatsächlich in verschiedener Zahl vorhanden:

Je acht kommen auf das I., II., III., V., VI., VII., VIII., XI., und XII. Armeekorps;

je sechs auf das IX. und X. Armeekorps;

neun auf das IV. Armeekorps.

Aus jedem Landwehrregimentsbezirk rekrutirt sich das entsprechende Linieninfanterieregiment; das Füsilierregiment, das

Jägerbataillon, die Kavallerieregimenter, die Artilleriebrigade, das Pionnierbataillon und das Trainbataillon des Korps rekrutiren sich aus dem ganzen Gebiet desselben ohne Rücksicht auf die Spezialeintheilung.

Zwei Landwehrregimentsbezirke bilden in der Regel einen Brigadebezirk. Jeder Landwehrregimentsbezirk ist in zwei Bataillonsbezirke getheilt, aus deren jedem im Mobilmachungsfall ein wohlformirtes Besatzungsbataillon (von Landwehren, abgesehen von allen sonstigen Formationen) hervorgehen kann.

Ein Landwehrbataillonsbezirk zerfällt in 3 bis 6 (ausnahmsweise bis 12) Kompagniebezirke. Dies ist aber nicht so zu verstehn, als sollten bei der Mobilmachung Landwehrbataillone von verschiedener Zahl der Kompagnieen gebildet werden. Vielmehr wird jedes mobile Landwehrbataillon wie ein Linienbataillon in 4 Kompagnieen eingetheilt.

Eine eigenthümliche Rolle spielen die Reservelandwehrbataillonsbezirke; den Nummern nach entsprechen sie den Füsilierregimentern, welche aus ihren Korpsbezirken hervorgehen. Allein sie sollen vorzüglich dazu dienen, um Ausgleichungen bei der Bildung der Besatzungsbataillone möglich zu machen, was um so nothwendiger erschien, als die Landwehrordnung in den von Preußen annectirten Provinzen und den kleinen norddeutschen Bundesländern nicht augenblicklich in Aktivität gesetzt werden konnte. Es wird daher durchaus nicht überflüssig erscheinen, daß wir hier die 12 Armeekorpsbezirke des norddeutschen Bundes aufführen, indem wir bei jedem das Gebiet des Reservelandwehrbataillons bezeichnen. Jedermann mag dann die speziellen Betrachtungen über den Gegenstand anstellen, die sein Geist ihm dabei eingiebt. Also:

I. Armeekorps: Ostpreußen und ein großer Theil von Westpreußen: Reservelandwehrbataillon Königsberg Nr. 33 (Kreise Fischhausen, Königsberg Land und Stadt).

II. Armeekorps: Pommern, Theile von Westpreußen und Posen. Reservelandwehrbataillon Stettin Nr. 34. (Kreise Randow, Usedom-Wollin, Stadt Stettin.)

III. Armeekorps: Brandenburg. Reservelandwehrbataillon Berlin Nr. 35 (Stadt Berlin).

IV. Armeekorps: Provinz Sachsen, Anhalt, Schwarzburg, Reuß. Reservelandwehrbataillon Magdeburg Nr. 36. (Stadt Magdeburg, Kreise Magdeburg und Wanzleben.)

V. Armeekorps: Niederschlesien und Regierungsbezirk Posen. Reservelandwehrbataillon Glogau Nr. 37 (Kreise Glogau und Fraustadt.)

VI. Armeekorps: Mittel- und Oberschlesien. Reservelandwehrbataillon Breslau Nr. 38. (Stadt Breslau).

VII. Armeekorps. Von Westphalen die Regierungsbezirke Münster und Minden, von der Rheinprovinz der Regierungsbezirk Düsseldorf, dann Lippe-Detmold und Schaumburg-Lippe. Reservelandwehrbataillon Barmen Nr. 39. (Kreise Elberfeld, Barmen und Mettmann.)

VIII. Armeekorps. Von der Rheinprovinz die Regierungsbezirke Aachen, Köln, Koblenz, Trier, außerdem Hohenzollern. Reservelandwehrbataillon Köln Nr. 40. (Stadt und Landkreis Köln.)

IX. Armeekorps: Schleswig-Holstein mit den oldenburgischen Enclaven, Mecklenburg-Schwerin und Strelitz, der nordöstliche Theil der Provinz Hannover, die Hansestädte Hamburg, Lübeck und Bremen. Reservelandwehrbataillon Nr. 86 Altona. (Kreise Pinneberg, Stormarn, Seegeberg und Stadt Altona.)

X. Armeekorps: Der Haupttheil des ehemaligen Königreiches, der jetzigen Provinz Hannover, das Großherzogthum Oldenburg, das Herzogthum Braunschweig. Reservelandwehrbataillon

Hannover Nr. 73. (Kreise Wennigsen und Hameln, Stadt-
und Landkreis Hannover.)

XI. Armeekorps. Der Regierungsbezirk Arnsberg von
Westphalen, das ehemalige Kurfürstenthum Hessen, das ehemalige
Herzogthum Nassau, die ehemals freie Stadt Frankfurt, das Groß-
herzogthum Sachsen-Weimar, die Herzogthümer Sachsen-Koburg-
Gotha und Sachsen-Meiningen-Hildburghausen-Saalfeld, das
Fürstenthum Waldeck. Reservelandwehrbataillon Nr. 80. Frank-
furt a. M. (Kreise Frankfurt, Ober Taunus und Hanau.)

XII. Armeekorps. Königreich Sachsen. Reservelandwehrbataillon Dresden, Nr. 108 (Stadt Dresden).

Auf der Landwehrbezirkseintheilung beruht zugleich die gesammte Bildung der Besatzungsarmee.

An Besatzungstruppen sollen formirt werden:

1. zwei Gardelandwehrregimenter zu 3 Bataillonen,

2. zwei Gardegrenadierlandwehrregimenter zu 3
Bataillonen,

3. in jedem Provinziallandwehrbataillonsbezirk ein Bataillon von 4 Kompagnieen,

4. für jedes Linienjägerbataillon 1 Kompagnie,

5. in jedem Armeekorpsbezirk zwei Kavallerieregimenter zu 4 Eskadrons,

6. von jedem Feldartillerieregiment 3 Batterien als
Ausfallsbatterieen und später, wenn sie in den Festungen überflüssig
sind, zu sonstiger Verwendung,

7. die Festungsartilleriekompagnieen werden, wie
schon früher erwähnt, ihrer Zahl, also auch ihrer Stärke nach,
verdoppelt,

8. für jedes Pionnirbataillon werden 3 Festungskom-

pagnieen gebildet, doch nicht kompagnie-, sondern detachementsweise, je nachdem es die Größe der Festungen erfordert, vertheilt.

Die Besatzungstruppen können nach Bedarf auch in Regimenter, Brigaden, Divisionen zusammengezogen werden, um bei einem Offensivkriege strategische Reserven für die aktive, operirende Armee, Besatzungen im Ausland, Belagerungskorps für im Rücken gelassene Festungen zu bilden.

Die Gardelandwehr- und Gardegrenadierlandwehrbataillone haben auf der vollen Kriegsstärke ein jedes ungefähr 800 M.; — die Provinziallandwehrbataillone ebenso ungefähr 700; — eine Landwehrjägerkompagnie zählt etwa 250, — ein Landwehrreiterregiment ungefähr 600 M. — eine Ausfallbatterie hat 6 Geschütze. Dazu treten dann 8 bis 16 Besatzungskompagnieen der Artillerie.

Die Besatzungsinfanterie eines Armeekorps stellt durchschnittlich 17 Bataillone zu 700 M. = 11900

1 Jägerkompagnie = 250

Summa 12150

oder rund 12,000 M.; welches für 12 Armeekorps ergibt 144,000 M.

Die Besatzungskavallerie eines Armeekorps besteht aus ungefähr 1200 Kombattanten, also für 12 Armeekorps 14,400 M.

Die Ausfallbatterieen eines Armeekorps ergeben 18 Geschütze, also für 12 Armeekorps 216 Geschütze.

Zur Besatzungsinfanterie treten noch die 12 Gardelandwehrbataillone mit zusammen 9600 M.

Die Besatzungsarmee ergibt danach etwa 168,000 M. Infanterie und Kavallerie mit 216 Geschützen.

Nach der norddeutschen Bundesverfassung ist jeder Norddeutsche wehrpflichtig und kann sich in Ausübung der Wehrpflicht nicht vertreten lassen. Jeder wehrfähige Norddeutsche gehört sieben Jahre dem stehenden Heere an und zwar in der Regel vom vollendeten 20. bis zum beginnenden 28. Lebensjahr; — dann noch 5 Jahre, also in der Regel bis zum beginnenden 33. Lebensjahr der Landwehr.

Von den sieben ersten Dienstjahren fallen drei auf den aktiven Dienst bei der Fahne, die übrigen vier, während welcher der Verpflichtete in der Regel beurlaubt ist, auf den Dienst in der Reserve.

Im Kriegsfall wird aus den Reservisten zuerst das Operationsheer auf den Kriegsfuß gebracht;

dann werden Reservisten, neu auszuhebende Rekruten und so weit es noch nothwendig erscheint, Landwehrleute zur Bildung der Ersatztruppenkörper verwendet,

endlich werden aus Landwehrleuten, soweit nicht für die Spezialwaffen Ausnahmen begründet sind, die Besatzungstruppenkörper gebildet.

Die eigenthümliche Stellung, welche das Großherzogthum Hessen-Darmstadt, mit einem Fuß in Norddeutschland, mit dem andern in Süddeutschland zum Norddeutschen Bunde einnahm, führte alsbald zu dem Vertrage vom 7. April 1867, laut welchem die ganze hessische Truppenmacht, nicht bloß das Kontingent für Oberhessen als besondere Division, mit der Nr. 25, in den Verband des norddeutschen Heeres aufgenommen und speziell dem XI. norddeutschen Armeekorps einverleibt ward.

Die hessen-darmstädtische oder 25. norddeutsche Division zählt in der Operationsarmee

4 Regimenter Infanterie zu 2 Bataillonen, 2 Bataillone Jäger, 2 Reiterregimenter zu 5 Eskabrons; 2 Abtheilungen Artillerie mit zusammen 6 Batterieen (2 6-Pfd., 3 4-Pfd. Fußbatterieen

und einer reitenden), 1 Kompagnie Pionniere und 1 Abtheilung Train; also für das Feld 10 Bataillone, 8 Eskabrons oder 11,200 M. Infanterie und Kavallerie mit 36 Geschützen.

Die Ersatztruppen bestehen aus 4 Bataillons Infanterie, 2 Kompagnieen Jäger, 2 Batterieen mit 8 Geschützen, 1 Abtheilung Pionniere und 1 Trainbetachement, wozu dann noch die beiden 5. Eskabrons der Reiterregimenter treten. Wir erhalten also in zweiter Linie 4800 M. Infanterie und Kavallerie mit 8 Geschützen;

an Besatzungstruppen 6 Landwehrbataillone; das Land ist in 4 Regimentsbezirke getheilt, von denen aber 2 je nur ein Bataillon stellen. Nach preußischem Verhältniß müssen zu den Bataillonen noch zwei Jägerkompagnieen und 1 Kavallerieregiment, sowie eine Ausfallbatterie von 6 Geschützen kommen. Dieß ergibt 5100 M. Infanterie und Kavallerie mit 6 Geschützen.

Die drei süddeutschen Staaten Baiern, Würtemberg und Baden kamen im Februar 1867 überein, im Wesentlichen die preußischen Grundsätze für die Einrichtung ihres Heerwesens anzunehmen. Baden hatte dieselben eigentlich schon längst adoptirt, auch das preußische Zündnabelgewehr angenommen; dasselbe ward bald darauf auch in Würtemberg für die Bewaffnung der Infanterie eingeführt, während Baiern in dieser Beziehung seinen eigenen Weg ging, zuerst aushülfsweise das in einen unvollkommenen Hinterlader umgeänderte Podewilsgewehr einführte, dann aber 1869 die Beschaffung eines ganz ausgezeichneten neuen Hinterladers, des Werdergewehrs beschloß. Die Beschaffung der ganzen nothwendigen Zahl von Werdergewehren war noch nicht beendet, als der Krieg von 1870 ausbrach. Auch in der Uniformirung, sowie im Exerzierreglement entfernen sich die Baiern noch ziemlich bedeutend von der preußischen Einrichtung, während die Formation im Großen allerdings der preußischen nachgebildet ist.

Die bairische Armee zählt an Feldtruppen

16 Infanterieregimenter zu 3 Bataillonen,

10 Jägerbataillone,

10 Kavallerieregimenter zu 5 (für das Feld 4) Eskadrons, nämlich 2 Regimenter Küraffiere,

      6   „   Chevauxlegers und

      2   „   Ulanen.

4 Artillerieregimenter zu 8 Feld- und 5 Fuß- (Festungs-) batterieen; das 2. und 3. Regiment haben unter ihren Feldbatterieen je 2 reitende.

1 Genieregiment mit 2 Felddivisionen zu 3 Kompagnieen und 4 Festungskompagnieen.

Die 58 Infanterie- und Jägerbataillone geben 58,000 M., die 40 Feldeskadrons 6000 M.; Infanterie und Kavallerie zusammen demnach 64,000 M., wozu 192 Geschütze kommen.

An Erfatztruppen bestehen entsprechend der preußischen Einrichtung

16 Bataillone Infanterie, 10 Kompagnieen Jäger oder 18,500 M.; 10 fünfte Eskadrons oder 1500 Reiter, 8 Batterieen und 2 Geniekompagnieen, d. h. 20,000 M. Infanterie und Kavallerie mit 48 Geschützen.

Die Besatzungstruppen werden gebildet durch 32 Landwehrbataillone oder 22,400 M., zu welchem dann die obenerwähnten Festungsartillerie- und Festungsgeniekompagnieen treten.

Das würtembergische Korps hat an Feldtruppen 8 Regimenter Infanterie zu 2 Bataillonen und 3 Jägerbataillone, 4 Reiterregimenter zu 4 Eskadrons, 1 Feldartillerieregiment mit

3 Abtheilungen zu 3 Batterieen, 2 Kompagnieen Pionniere, also 21,400 M. Infanterie und Kavallerie mit 54 Geschützen;

an Ersatztruppen 4 Infanteriebataillone, 1 Jägerbataillon, 3 Eskadrons, 3 Ersatzbatterieen zu 4 Geschützen oder 5200 M. Infanterie und Kavallerie mit 12 Geschützen,

an Besatzungstruppen (anfangs 1870) 6 Landwehr-bataillone (4200 M.), wozu dann die Festungsartillerieabtheilung mit 4 Kompagnieen tritt.

Das badische Korps hat an Feldtruppen 6 Regimenter Infanterie zu 3 Bataillons, 3 Dragonerregimenter zu 5 (4) Eskadrons, 1 Feldartillerieregiment mit 9 Batterieen, 1 Pionnierabtheilung und 1 Trainabtheilung, — oder 19,800 M. Infanterie und Kavallerie mit 54 Geschützen;

an Ersatztruppen 3 Bataillons, 3 Eskadrons und eine Batterie, 3450 M. Infanterie und Kavallerie mit 6 Geschützen;

an Besatzungstruppen zehn Landwehrbataillone und 1 Eskadron, wozu dann eine Festungsartillerieabtheilung von 5 Kompagnieen tritt; also etwa 7000 M. Infanterie und Kavallerie mit 6 Feld-(Ausfalls-)Geschützen.

Es ist nun interessant, sich einen Ueberblick über die ge-sammten Streitkräfte zu verschaffen, welche Deutschland wohlorganisirt aufstellen kann und jeder der drei Rubriken sofort gegenüberzuhalten, was Frankreich in gleicher Weise organisirt zu bieten hatte.

Deutschland stellt an Feldtruppen auf 518,000 M. Infanterie und Kavallerie mit 1506 Geschützen. Frankreich stellt dagegen 285,000 M. Infanterie und Kavallerie mit 984 Geschützen, also wenig mehr als die Hälfte.

Deutschland stellt an Ersatztruppen auf 161,000 M. Infanterie und Kavallerie, Frankreich an Depottruppen 91,000 M.

Deutschland stellt an Besatzungstruppen 187,000 M. Frankreich konnte nichts dagegenstellen. Denn die Mobilgarde, welche diesen Dienst versehen sollte, war einfach nicht organisirt.

Wir glauben durch unsere runden Zahlen für die Landmacht der beiden Länder, die im Jahre 1870 einander zu unseligem Krieg gegenübertreten sollten, das richtige Verhältniß gegeben zu haben. In diesen Zahlen ist die ungeheure militärische Uebermacht Deutschlands zu Lande deutlich ausgedrückt. Wir werden noch öfter darauf zurückkommen müssen.

Man sagt nun freilich, Frankreich hat eine ebenso große oder noch größere Bevölkerung, als Deutschland, d. h. der norddeutsche Bund und Süddeutschland zusammengenommen, — Frankreichs Boden ist durchschnittlich eher reicher denn ärmer als derjenige Deutschlands, liquides Geld ist in Frankreich mehr vorhanden, als in Deutschland und was dergleichen Dinge mehr sind. Dieses ist alles ganz schön und richtig. Aber damit ist durchaus nicht gesagt, daß die militärische Organisation vorhanden war. Laßt in einer Stadt so viel Dampf entwickeln, daß er hundert Lokomotiven treiben könnte, wenn er dort überall durch die Straßen zieht, so wird er die Leute schwarz machen und die Sonne verdunkeln, aber keine einzige Lokomotive treiben.

Unter der Organisation der Streitkraft verstehen wir nicht, daß jeder Soldat immer bei der Fahne sein solle, — das war ja auch in Deutschland nicht der Fall, — aber jeder Mann, der als Soldat Dienste leisten soll, muß militärisch geübt sein und seinen Platz im Heere kennen. Dieser Bedingung war in Frankreich nicht genügt. Das zweite Kaiserreich hatte zu viel für das stehende Heer gethan, welches ja immer nur schwach sein kann, aber viel zu wenig dafür, dieses Heer im Kriegsfall anschwellen zu lassen.

Selbst unter Ludwig Philipp war die Organisation in dieser Beziehung zweckmäßiger.

Es bestand damals durch ganz Frankreich organisirt die sedentäre Nationalgarde. Wenn nun diese immerhin an sich nichts weiter als eine Bürgerwehr war, so gab sie doch ohne Zweifel die Möglichkeit der elementaren militärischen Ausbildung für die gesammte männliche Bevölkerung, insbesondere auch für die wohlhabenderen und gebildeteren Klassen, welche sich vom Dienst im stehenden Heere loskauften. Außerdem war im Gesetze die Bildung von mobilen Detachements der Nationalgarde vorgesehen; diese waren leicht zu formiren und bei dem großen Vorrath, welchen die gesammte Nationalgarde darbot, konnten die mobilen Detachements eine ganz artige Reservearmee, zunächst für das Innere ergeben.

Napoleon III. hatte die Nationalgarde abgeschafft; sie war nur in einigen Städten und hier auch nur in einigen Trümmern erhalten. Die guten Anhänger des Kaiserreichs thaten einen spärlichen Wachtdienst als Nationalgardisten und auch dabei ließen sie sich noch vertreten. Der Proprietär, der zur Wache kommandirt wurde, steckte meistens seinen Hausknecht in die schöne Nationalgardeuniform und ließ ihn für sich Dienst thun.

Für die große Eintheilung einer mobilen Armee, welche sich wesentlich der Friedenseintheilung anschließt, bestehen in Deutschland folgende Grundsätze, von denen wohl Abweichungen vorkommen, aber doch keine von Bedeutung.

Ein mobiles Armeekorps zerfällt in zwei Infanterie-
divisionen, eine Kavalleriedivision und eine Artilleriereserve;

eine Infanteriedivision besteht aus zwei Infanterie-
brigaden, 1 Regiment Kavallerie als Divisionsreiterei und einer
Fußartillerieabtheilung von 4 Batterieen,

eine Infanteriebrigade besteht in der Regel aus zwei
Regimentern oder 6 Bataillons,

eine Kavalleriedivision zerfällt in 2 Brigaden, jede von
2 Regimentern und hat außerdem eine reitende Batterie,

die Artilleriereserve zählt zwei reitende Batterieen und
eine Fußabtheilung, also zusammen sechs Batterieen.

Mit Festungen ist Deutschland bei Weitem nicht in dem
Maße versehen als Frankreich, doch ist unter den deutschen Festungen eine verhältnißmäßig große Zahl von bedeutenden. Norddeutschland hat nicht versäumt, auch für die Korrektur seiner Festungen, gemäß den veränderten Waffen Manches zu thun; was
den Neubau betrifft, indessen seine Hauptkraft auf die Befestigung
der Küsten geworfen; in dieser Klasse sind besonders zu verzeichnen:
Alsen-Sonderburg, Wilhelmshafen (Jahdebusen), Befestigung der
Ems- und der Wesermündung, Kiel und Friedrichsort.

Die norddeutsche Marine ist noch zu jung, als daß sie
schon eine große Bedeutung haben könnte, indessen ist doch in den
letzten Jahren Großes für sie geschehen; die Panzerflotte soll auf
16 Schiffe gebracht werden und vielleicht bietet der Krieg von
1870 die Gelegenheit, diese Stärke zu erreichen. — Zu Anfang
dieses Jahres zählte die norddeutsche Dampferflotte 45 Fahrzeuge,
worunter 3 Panzerfregatten und 2 Panzerfahrzeuge.

Die etatsmäßige Matrosenbemannung betrug etwa 4600 M.

für die ganze Flotte. Dazu kam ein Bataillon Marineinfanterie von 6 Kompagnieen und 3 Kompagnieen Marineartillerie.

Uebrigens existirt für alle Theile der Flotte ebensowohl wie für die Landmacht ein Reserveverhältniß der dienstpflichtigen Mannschaft (Reserve und Seewehr).

6. Die spanische Thronfrage und die französische Kriegserklärung an Preußen.

Nach unserm Exkurse über die deutsche Kriegsmacht können wir uns zum Lauf der Begebenheiten zurückwenden.

Im Mai 1870 war, wie wir gesehen haben, die Lage durchaus friedlich.

In Deutschland wollte Niemand den Krieg, Niemand dachte an ihn. Die Minister und Generale machten ihre Pläne für die Sommerfrische des Jahres.

Ebenso schien die Friedensstimmung in Frankreich, die gerechte Beurtheilung der Stellung Deutschlands, die Anerkennung seines Rechtes auf Einheit, auf die selbstständige Ordnung seiner innern Angelegenheiten immer mehr Boden zu gewinnen. Gewiß gab es eine kriegerische Hofpartei, welche die napoleonische Dynastie in Blut auffrischen wollte und gerade die sich wiederholenden Krankheiten des Kaisers benutzte, um ihm diese Nothwendigkeit zu Gemüthe zu führen. Der Krieg um die Rheingrenze war nach dem lang verbreiteten Glauben der einzige Krieg, der zu solchem Zwecke dienlich erachtet werden konnte. Allein die französische Armee hatte thatsächlich an numerischer Kraft, wie gezeigt worden ist, durch das Gesetz vom 1. Februar 1868 noch nichts gewonnen; es war in einem wesentlichen Theile, der Errichtung der Mobilgarde, faktisch gar nicht zur Ausführung gekommen, wenn man es nicht Organisation nennen will, daß ins Blaue hinein Offiziere aller Art ernannt werden und diese sich uniformiren, weil sie sich in ihrer Uniform schön finden. Man mochte es betrachten, wie man wollte, das Einzige, was die französische Armee gewonnen, war ihre neue Bewaffnung, der Chassepot und die Mitrailleuse.

Wer einfach die realen militärischen Verhältnisse in Frankreich einerseits, in Deutschland andererseits verglich, der mußte sich sagen, daß Frankreich gar nicht daran denken könne, Deutschland den Krieg zu erklären, ohne Allianzen zu haben. Der Kaiser Napoleon, welcher doch keinen Krieg wünschen konnte, in welchem er geschlagen würde, mußte sich das selbst sagen.

Wo waren aber in dieser Zeit Allianzen für Frankreich gegen Deutschland zu finden? Natürlich blickte die kriegslustige Partei in Frankreich stets nach Oesterreich und nach Italien.

Aber Oesterreich? Herr von Beust, einer der Glücklichen, welche für alle Dienstleistungen, wenn auch von fraglichem Werthe, kaiserlich belohnt werden, bis sich das Blatt unversehens einmal wendet, hielt für seine größte That den „Ausgleich“ zwischen Oesterreich und Ungarn, die Begründung des Dual-Reichs Oesterreich-Ungarn oder Ungarn-Oesterreich. Für ein solches Reich hat der Beginn eines Krieges stets beträchtliche Schwierigkeiten. Zudem war eigentlich die große That des Herrn von Beust nie über das Papier hinausgekommen. Die Begehren nach neuen „Ausgleichen“ waren in allen österreichischen Reichsländern aufgetaucht und das Oesterreich von 1870 zeigte vielmehr das Bild des Belcredischen Gruppensystems als des Beust'schen Dualismus. Die Finanzen Oesterreichs besserten sich nur langsam und ein Krieg ist nie das Mittel, den Finanzzustand zu heben. Außerdem war es unzweifelhaft, daß, wenn Oesterreich für Frankreich Partei nahm, Rußland auf der andern Seite stehen und seine Entschädigung auf Kosten Oesterreichs suchen werde.

In Italien neigte allerdings die Hofpartei stark auf die Seite Frankreichs; gewisse Mitglieder derselben wie Lamarmora, hatte der Krieg von 1866 vielmehr von Preußen entfernt als demselben genähert. Dagegen stand das Volk zum allergrößesten Theil auf der Seite Preußens. Das neue Italien hat seit 1859 immer sein Stück von der Beute bekommen, wenn andere sich rauften. Darauf rechnete es auch jetzt wieder, und das nächste Beutestück, welches vor Augen schwebte, war das dem Papste bisher noch gebliebene Gebiet. Dieses aber konnte Preußen ebenso gut concediren als Frankreich. Die italienischen Finanzen standen noch schlechter als die österreichischen und eine vernünftige Haushaltung war nachgerade ein Gebot der bringenden Nothwendigkeit geworden. Dieses Alles mußte selbst die Hofpartei zum Stutzen bringen, wenn an sie die Aufforderung erging, sich zu einem Kriege gegen Deutschland dem französischen Kaiserreich anzuschließen.

Die Aussichten auf Allianzen waren also eben jetzt für Frankreich nicht tröstlich.

Im Juni schienen in der That die Zeichen friedlicher Stimmung in Frankreich, wenn es nöthig war, sich noch zu mehren. Es herrschte eine außerordentliche Trockenheit, — wir selbst erlebten in Frankreich vom 9. April bis zum 28. Juni keinen Tropfen Regen, — die Futterernte verdarb und es mußten besondere Maßregeln getroffen werden, um den Bauern die Erhaltung des Viehstandes einiger Maßen möglich zu machen. Mit Rücksicht auf den Futtermangel ordnete auch der Kriegsminister den Verkauf einer großen Zahl von Militärpferden an.

Herr Ollivier hatte freilich als Minister bereits alles Mögliche gethan, was er früher in Wort und Schrift verdammt hatte; allein an seiner Friedensliebe durfte man gewiß nicht zweifeln, zumal sie in seinem Interesse lag. Sobald es ihm gelang,

einen seiner Gegner von der Kriegs- und Hofpartei zu Falle zu
bringen, mußte man dieß nothwendig für ein neues Zeichen des
Ueberwiegens der Friedensstimmung erkennen.

Ein solcher Fall von einer gewissen Wichtigkeit trat nun gerade um die Mitte Juni 1870 ein. Es handelte sich um Herrn
Clément Duvernois. Dieser begabte Journalist, geboren
im Jahre 1836, war bis zum Jahre 1867 in der entschiedensten
Opposition gegen den Cäsarismus. Im genannten Jahre noch ließ
er ein Buch drucken über die mexikanische Expedition, welches geschickt geschrieben und formell ruhig gehalten, doch die unzweifel-
hafteste Verdammung über den Cäsarismus aussprach. Dieses Buch
wurde im französischen Original unterdrückt, — in deutscher
Uebersetzung ist es später erschienen. Unmittelbar darauf sah man
Herrn Duvernois sich der Regierung des Kaiserreichs nähern. Man
konnte vorläufig immer noch behaupten, er habe sich von den im
Briefe vom 19. Januar 1867 ausgesprochenen parlamentarischen
Neigungen für das Kaiserreich gewinnen lassen, obwohl seine Gegner
sagten, er sei für die Unterdrückung der Schrift über die mexikanische Expedition theuer bezahlt worden. Allein Herr Duvernois
machte Entschuldigungen seines Uebertritts von Tage zu Tage
unmöglicher. Vom 1. Februar 1869 ab übernahm er die Redaktion
des neu gegründeten Journals „le Peuple français“, welches zu
dem Preise ausgegeben ward, den ungefähr der Stempel kostete.
Dieses „Journal entretenu“ mußte begreiflicher Weise einen
„Entreteneur“ haben und derselbe war kein anderer als der
Kaiser Napoleon selbst. Dieses Journal ward das Journal
des Cäsarismus; Herr Duvernois war der Intime des Kaisers
geworden; er begnügte sich keineswegs, die Gedanken des Kaisers
populär wiederzugeben, er warf sich sehr schnell zum Rathgeber des
Kaisers auf. Je elender sich körperlich Napoleon III. befand, desto

lauter schrie jedesmal Herr Clément Duvernois. Er war einer von
denjenigen, welche mit der größesten Entschiedenheit dem Kaiser in
die Ohren bliesen; „er müsse sich groß zeigen" (de
faire grand), — natürlich durch einen Krieg am Rhein, „um
die Scharte von Sadowa auszuwetzen." Bei dem verdienten Rufe,
welchen das „Peuple français" hatte, brachte Clément Duvernois
Frankreich auf den Gedanken, daß der Kaiser selbst nichts sehn-
licher wünsche, als sich groß zu zeigen. Im Jahre 1869 ward
Duvernois als offizieller Kandidat in den Oberalpen in die Legislative gewählt. Sobald Ollivier das Präsidium des Ministeriums vom 2. Januar 1870 übernommen hatte, ward er von
Duvernois mit einer Beständigkeit angegriffen, welche ihres gleichen
suchte, angegriffen wegen seiner Halbheit, seiner Energielosigkeit,
seinem Hin- und Herschwanken, angegriffen vom cäsaristischen
Standpunkt her. Die öffentliche Meinung sagte, der Kaiser selbst
also wolle von diesem Ministerinm nichts wissen. Dieß ward
Ollivier etwas zu arg, weil andere ähnliche Dinge auch nicht
fehlten. Ollivier beschwerte sich beim Kaiser und fragte, ob er
gehen oder ob Herrn Clément Duvernois das Handwerk gelegt werden solle. Am 16. Juni opferte Napoleon III. seinen
Freund Duvernois, indem er ihn veranlaßte, die Redaktion des
„Peuple français" niederzulegen. Die Sache hatte sich sehr lange
hingezogen. Der schließliche Entschluß gewann dadurch nur desto
mehr an Wichtigkeit.

Auf den 20. Juni 1870 hatte Herr Mony, ein Mann von
70 Jahren und als Ingenieur in Frankreich seit lange her vortheilhaft bekannt, eine Interpellation wegen der Gottharbbahn
angekündigt. Seit langen Jahren war in der Schweiz an eine
Durchstechung der Alpen gedacht worden, welche die nördlichen
Ebenen des Landes direkt mit den Ebenen Italiens verbinde. Ein

großer Tunnel ward unbedingt nothwendig, das Unternehmen mußte ein ungeheuer kostspieliges sein. In der Schweiz herrschte lange Zeit Streit darüber, welcher Weg einzuschlagen sei, und viele lokale Interessen wurden dabei in den Vordergrund geschoben. Die einen verlangten den Simplon, andere.den Lukmanier oder Splügen, wieder andere den Gotthard. Es ward mit allen Waffen, technischen, kommerziellen, selbst militärischen Gründen für den einen oder den andern Weg gestritten.

Nachdem auf der einen Seite der Montcenistunnel sich seiner Vollendung näherte, auf der andern Seite die Brennerbahn fertig war, blieb vernünftiger Weise, — wenn man nicht rechnete, drei oder vier Alpentunnel zugleich ausführen zu können, — nur die Linie des St. Gotthard für die Alpenbahn übrig.

Doch auch diese eine Linie ward so kostspielig, daß eine Privatgesellschaft ohne Garantieen der betheiligten Staaten das Wagniß kaum auf sich nehmen konnte; auch die Kräfte der Schweiz allein genügten nicht, um das große Werk zu beginnen. Da nun sowohl Italien als Deutschland an dessen Zustandekommen gleichfalls interessirt waren, so waren Unterhandlungen zwischen der Schweiz und Italien einerseits, zwischen diesen beiden mit Preußen und dem norddeutschen Bunde andererseits angeknüpft, die ihren vollständigen Abschluß durch die Konvention von Varzin vom 20. Juni 1870 fanden.

Aus einigen Aeußerungen, welche vorher im Reichstage Graf Bismark über diese Angelegenheiten gethan hatte, nahm Herr Mony Veranlassung zu einer Interpellation. Man sah voraus, daß bei deren Verhandlung am 20. Juni mehr als die kommerziellen Interessen Frankreichs politische Dinge und insbesondere die angeblich von Preußen bedrohte Neutralität der Schweiz zur Sprache kommen würden. Besonnene Politiker besorgten, daß dabei verschiedene Redner sich erhitzen und die Gelegenheit benutzen würden, um gegen Preußen zu schüren, woraus denn immerhin, wenn auch nicht der Krieg, doch unnütze diplomatische Unannehmlichkeiten entstehen könnten.

Dr. Kern, der eidgenössische Gesandte in Paris, sobald er von der Absicht des Herrn Mony, die Interpellation zu stellen, unterrichtet war, begab sich zum Herzog von Grammont und entwickelte ihm mit den Dokumenten in der Hand, daß von einer Bedrohung der Neutralität der Schweiz durch die Gotthard-verträge nicht die Rede sein könne, daß im Gegentheil die Schweiz bei allen Verhandlungen auf die Wahrung ihrer Neutralität die entschiedenste Rücksicht genommen und durch eine Anzahl von Klauseln allem dem vorgebeugt habe, was späterhin etwa durch falsche Auslegung der Verträge wirklich eine Beschränkung der Neutralität oder Souveränetät herbeiführen könnte. Uebrigens fügte der Gesandte hinzu, würde die Schweiz sehr erfreut sein, wenn sie — unter den gleichen Bedingungen und Vorbehalten — ähnliche Verträge beispielsweise mit Frankreich zur Begünstigung einer Simplon-bahn schließen könnte.

Als Herr Mony am 20. Juni seine Interpellation entwickelte, hatte er sich auch schon besonnen, und kam zu dem Schluß seiner langen Rede, daß Frankreich in keiner Weise von der Gotthard-bahn etwas zu besorgen habe. Mit Recht wurde er darauf gefragt, weßhalb er denn seine Interpellation gestellt habe? Er antwortete, er habe sie gestellt, damit die französische Regierung Kanäle baue, um dem Handel von Marseille aufzuhelfen. — Der Herzog von Grammont behandelte die Angelegenheit in seiner Erwiderung ganz gemäß den Ansichten, die der schweizerische Bundesrath selbst von ihr hatte, — durchaus friedlich. Von der Linken wurde nun allerdings der Kriegsminister interpellirt, ob nicht durch die

Gottharbbahn und die Art, wie sie zu Stande komme, das militärische Gleichgewicht zu Ungunsten Frankreichs gestört werde. Er
erwiederte, das möge sein, aber es sei so wenig, daß es gar nicht
in Betracht komme, übrigens sei die Gottharbbahn noch nicht bis
morgen fertig; der Bau werde 15 bis 16 Jahre dauern, so daß
man alle Zeit habe, sich die Sache noch gründlich zu überlegen.
Die Majorität des gesetzgebenden Körpers war befriedigt; es störte
auch ihren Frieden nicht wesentlich, daß Herr Ferry einige Ausfälle machte und sagte, daß sie, welche jetzt die Gottharbbahn ruhig zu
Stande bringen lasse, dieselbe sei, welche Sadowa habe machen lassen.

Der Zwischenfall war erledigt; die Besorgnisse waren ver-
gebens gewesen.

Das Lager von Chalons ward im Jahre 1870 nur
von einer Truppenserie statt sonst von zweien bezogen. Die einzige
Serie stand unter dem Befehl des Geniegenerals Frossard und
es sollte eine große Belagerungsübung stattfinden. Ein
provisorisches Werk war zu diesem Behuf in der Gegend der Ferme
St. Hilaire ausgeführt worden; nur drei bastionnirte Fronten
desselben wurden 1870 wirklich erbaut. Diese konnten um die
Mitte Juli vollendet sein und dann erst sollte die Belagerungsübung ihren Anfang nehmen. Viele Offiziere fremder Armeen waren
dazu angemeldet. Nichts im Lager deutete auf die geringste Vorbereitung zu einem Kriege.

Am 30. Juni wurde im legislativen Körper das Gesetz de-
battirt, durch welches das Rekrutenkontingent von seiner
gewöhnlichen Höhe von 100,000 M. auf diejenige von 90,000 M.
herabgesetzt werden sollte. Das Gesetz ward angenommen.
Ollivier erklärte bei dieser Gelegenheit, daß niemals der
Friede Europas gesicherter gewesen sei als eben
jetzt, daß keine schwebende Frage ihn bedrohe.

Wir haben absichtlich hier die Zeichen der friedlichen Stimmung in Frankreich, welche uns die bedeutendsten scheinen, zusammengetragen. Ollivier hatte Recht; noch am 30. Juni konnte kein Mensch ahnen, daß die französische Regierung einen Vorwand des Krieges gegen Preußen binnen einer Woche vom Zaune brechen A werde, — und dennoch verhielt es sich so.

Verfolgen wir jetzt diese unglückliche Angelegenheit bis in die Einzelheiten.

In Spanien regierte seit 1843 als konstitutionelle Königin Donna Isabella die zweite von Bourbon, geboren 1830, Tochter Ferdinands VII. und der neapolitanischen Prinzessin Marie Christine.

Die Dame war sehr gutmüthig, aber zur Bigoterie und Liederlichkeit förmlichst vom Kindesalter ab erzogen; ihre Regierung bestand in einem ewigen Wechsel von Günstlingen und Generalen, welche durch militärische „Pronunziamientos" auf den Sessel erhoben unter dem Namen der Königin die wirklichen Herrscher waren. Der Bürgerkrieg war für Spanien eine Institution. Im Jahre 1868 starb der Ministerpräsident Narvaez, Herzog von Valenzia, welcher ein „Moderado", d. h. in der spanischen Uebersetzung ein blutiger Reaktionär war. Mit einigen ehrlichen Berathern an der Seite hätte die Königin vielleicht jetzt einen für Spanien heilsamen Weg einschlagen können; doch da jene fehlten, that sie das nicht, sie beauftragte den leidenschaftlichen Gonzales Bravo, vor dem sie Furcht hatte, der sie körperlich gezüchtigt hatte, da sie ein Kind von kaum 12 Jahren war, um ihr die Unterschrift eines Befehls abzuringen, mit der Bildung eines neuen Kabinets.

Gonzales Bravo wirthschaftete ganz im Sinne von Narvaez. Nachdem er mehrere andere Thorheiten in seiner Herrschsucht begangen, ließ er am 7. Juli 1868 die Generale Serrano, Dulce, Zavala, Cordova, Letona, Echague, Caballero de Rodas, welche nicht der äußersten Reaktionspartei angehörten, verhaften, um sie irgendwie zu interniren oder zu deportiren. Zugleich wurde der intriguante Herzog von Montpensier sammt seiner Gemahlin, der Infantin Louise, jüngeren Schwester der Königin Isabella aus Spanien ausgewiesen. Sie begaben sich nach Lissabon. Der Herzog von Montpensier, dieser Sohn Louis Philipps, welcher in Spanien durchaus nicht beliebt war, kleinlich, geizig, vorsichtig, „der Herzog mit dem Regenschirm", erhielt erst durch diese Ausweisung ein gewisses Relief.

Ebenso verhielt es sich mit der Mehrzahl der oben erwähnten verhafteten Generale. Doch jeder von diesen hatte einen gewissen Anhang in der Armee. Und nach deren Verhaftung hielt sich Niemand mehr für sicher. Alles begann daher gegen die Königin Isabella, deren Günstling Marfori und den faktischen Regenten Gonzales Bravo zu konspiriren.

Im August 1868 wehte eine unheimliche Luft durch Spanien. Auch am Hofe ward dieß verspürt.

Die Königin Isabella jedoch vertraute auf ihre Verbündeten jenseits der Pyrenäen, den Kaiser Napoleon III. und die Kaiserin Eugenie; mit ihnen suchte sie ein intimes Bündniß zu ihrem eigenen Schutz und dem des heiligen Vaters abzuschließen, welcher ihr zur vollständigen Besiegelung ihrer allgemein anerkannten Tugend die geweihte Rose übersendet hatte.

Zum Kaiser Napoleon sendete sie im August den Grafen Girgenti, einen jüngeren Bruder des vertriebenen Königs Franz von Neapel, mit seiner Gemahlin, ihrer ältesten Tochter Isabella, welche sie ihm erst im Mai desselben Jahres vermählt hatte. Das junge Paar ward am französischen Hofe mit der größten Auszeichnung empfangen.

Die gute Königin Isabella selbst aber begab sich im September nach St. Sebastian, um dort die Seebäder zu gebrauchen und um zugleich nahe der französischen Grenze zu sein, so daß eine Zusammenkunft mit dem Kaiser Napoleon leicht zu bewerkstelligen wäre.

In derselben Zeit hatten die verbannten Generale sich mit den Führern der verschiedenen Oppositionsparteien in Verbindung gesetzt und das Pronunziamiento von 1868 ward nicht mehr im Namen der Königin, sondern gegen die Dynastie ausgesprochen. Die verbannten Generale stellten sich an die Spitze der Bewegung; die Regierungstruppen — soweit sie der Königin treu blieben, — waren bald geschlagen. Isabella hatte Gonzales Bravo entlassen, sie hatte den General Don José Concha an die Spitze des Ministeriums gestellt. Selbst dieser sprach sich gegen sie aus, er verlangte von ihr die Entlassung ihres Günstlings Marfori.

Nach längerem Schwanken entschloß sich die Königin am 30. September zur Flucht nach Frankreich und führte den Entschluß sofort aus. Begleitet von ihrem sonderbaren weltlich-geistlichen Gefolge sah sie auf Augenblicke in Biarritz den Kaiser Napoleon III., die Kaiserin Eugenie und den kaiserlichen Prinzen, um dann sofort nach dem alten Schlosse von Pau, der einstigen Residenz Heinrichs IV. weiterzufahren, welches ihr Napoleon III. zum Sitze angewiesen hatte.

Die Begegnung in Biarritz war traurig; hatte Napoleon Vorahnungen? Wer weiß es, er dachte wohl nicht, daß der 1. September so nahe am 30. September sei, als es sich erweisen sollte.

Am 3. Oktober schleuderte Isabella von Pau aus einen

Protest gegen ihre Absetzung, — welche ja eigentlich nur ihre Flucht war, — nach Spanien.

Dort hatten sich überall Provinzialjunten gebildet. Eine Verwaltung mußte schließlich bestehen und man wußte im Anfang nicht, wo und von wo aus diese zentralisirt werden könnte. Die Junta von Madrid nahm ein Vorrecht in Anspruch und forderte den Marschall Serrano, der bei Alcolea die Streitmacht der Königlichen besiegt hatte und am 3. Oktober in Madrid einzog, auf, eine provisorische Regierung zu bilden. Serrano nahm den ihm ertheilten Auftrag ohne Sträuben an.

Es gab in Europa viele Leute, welche sich einbildeten, die Spanier müßten froh sein, auf wohlfeile Weise eine eingewurzelte Dynastie los geworden zu sein und nun sich ungehemmt zur Republik bekennen zu dürfen. Es gab auch in Spanien eine republikanische Partei und ihre Anhänger waren nicht die schlechtesten Männer.

Allein die provisorische Regierung Serranos bestand durchweg aus Anhängern des konstitutionellen Königsregiments. In den nächstfolgenden Zeiten drehte sich daher die spanische Geschichte wesentlich um das Suchen nach einem Könige für Spanien.

An Kandidaten fehlte es merkwürdiger Weise durchaus nicht und jeder von ihnen hatte seine Anhänger.

Sehr in den Vordergrund trat unter ihnen im ersten Augenblick der Herzog von Montpensier, welcher trotz seines Geizes seine Empfehlung sich viel kosten ließ. Die spanischen Monarchisten, welche eine Einheit der iberischen Halbinsel, also eine Vereinigung Spaniens mit Portugal anstrebten, dachten an einen portugiesischen König, sei es an den regierenden König Ludwig, sei es an dessen Vater Ferdinand, der mit dem

Titel König sich von den politischen Geschäften zurückgezogen hatte und nun stille zu Oporto lebte. Diese beiden bezeigten geringe Lust, die Bürde der spanischen Krone auf sich zu nehmen. — Die alten Karlisten faßten den Muth, einen Prätendenten des alten Mannsstammes aufzustellen. Nach ihrer Auffassung mußte gegenwärtig der legitime König der dritte Sohn des alten Don Karlos sein, — Don Juan.

Dieser Mensch hatte sich indessen selbst bei der legitimistischen Partei unmöglich gemacht durch sein Auftreten im Jahre 1860. Damals, während des marokkanischen Krieges, der auf einige Zeit alle Parteien Spaniens vereinigte und dort als eine Art heiliger Krieg betrachtet ward, hatte er die Waffen erhoben. Sein General Ortega ward gefangen genommen und erschossen, er selbst aber entkam, eiligst verkleidet, in einer Droschke und es blieb ihm von da an der Spitzname „Droschken-Don-Juan" (Don-Juan alla tartana"). Jetzt hörte er einmal auf den Rath seiner Anhänger und dankte zu Gunsten seines Sohnes ab, welcher unter dem Namen Karl VII. am 3. Oktober 1868 seine Regierung in partibus antrat und dieses am 28. Oktober den Souveränen Europa's anzeigte.

Auch in Italien suchten die konstitutionellen Spanier nach einem Prinzen. Zweifel fanden sich auch hier.

Der König wollte sich nicht finden, und dies war hauptsächlich die Schuld der französischen Regierung. Diese rechnete darauf — nicht etwa die Königin Isabella, — aber doch ihren Sohn, den jungen Prinzen von Asturien, geboren den 28. November 1857 auf den königlichen Thron von Spanien zurückzuführen. — Sie glaubte denselben dann beherrschen zu können und intriguirte daher gegen alle anderen Thronkandidaten, zugleich beständig einwirkend auf die Königin Isabella, welche das schöne Pau bald langweilig fand und ihre Residenz nach Paris verlegte.

Trotz der von der französischen Regierung in der Hauptsache aufrecht erhaltenen Kandidatur des jungen Prinzen Alfons war doch im Sommer 1869 von einer andern zu Paris die Rede, welche nicht gerade in allen Kreisen, die den Tuilerieen nahe standen, unangenehm schien. Es war die Kandidatur eines Prinzen von Hohenzollern-Sigmaringen.

Die Fürsten von Hohenzollern-Hechingen und Hohenzollern-Sigmaringen hatten 1849 ihre Länder an diejenigen Hohenzollern abgetreten, welche seit Jahrhunderten Brandenburg und Preußen beherrschen und seit Jahrhunderten Protestanten sind. Die Hohenzollern-Sigmaringen, sehr entfernt verwandt mit den preußischen, waren immer katholisch geblieben.

Das Haupt dieser Familie war jetzt der Fürst Karl Anton, geboren 1811, preußischer General. Er ist der Sohn nicht bloß seines Vaters, des alten Fürsten Karl, sondern auch der französischen Prinzessin Marie Antoinette, einer Nichte Murats, weiland Königs von Neapel. Er verheirathete sich 1834 mit der Prinzessin Josephine, einer Tochter des Großherzogs Karl Friedrich von Baden und der Prinzessin Stephanie, Schwester Hortenses von Beauharnais.

Das Haupt der hohenzollern-sigmaringischen Familie erzeugte mit seiner Gemahlin von 1835 bis 1845 fünf Kinder, nämlich:

den Erbprinzen Leopold, geboren 1835;

den Prinzen Karl, geboren 1839 und gegenwärtig erwählten Fürsten von Rumänien;

den Prinzen Anton, geboren 1841, welcher als junger tapferer Offizier im preußischen Dienst 1866 am 3. Juli bei

Königgräz schwer verwundet ward und in Folge dieser Verwundung Anfangs August 1866 starb;

den Prinzen Friedrich, geboren 1843;

die Prinzessin Marie, geboren 1845.

Der Prinz von Hohenzollern-Sigmaringen, von welchem zunächst in Paris 1869 als Thronkandidaten von Spanien die Rede war, war der junge Prinz Friedrich, geboren 1843. Man hatte damals durchaus nichts gegen die Kandidatur dieses Prinzen einer katholischen Linie, welche durch Verwandtschaft jedenfalls dem Kaiser Napoleon viel näher stand, als dem König Wilhelm von Preußen, wie dies aus dem oben Gesagten deutlich genug hervorgeht. Man behauptete sogar, die Kaiserin Eugenie begünstige die Kandidatur des Prinzen Friedrich entschieden und derselbe werde sich mit irgend einer Verwandten der Kaiserin verheirathen.

Dieses letztere gerade gefiel, wie es scheint, den leitenden Köpfen in Spanien nicht. Sie hatten durchaus nichts gegen einen Prinzen von Hohenzollern-Sigmaringen, aber wohl etwas gegen die projektirte Heirath.

Nun im Herbst kam das Projekt zum Vorschein, den Erbprinzen von Hohenzollern-Sigmaringen, Leopold, zum König von Spanien zu erwählen. Wenn Frankreich, welches gegen alle bisherigen Kronkandidaturen aufgetreten war, den Prinzen Friedrich acceptirt hatte, warum sollte es nicht ebenso wohl seinen älteren Bruder, den Prinzen Leopold acceptiren? Dieser hatte für die Anhänger der iberischen Union noch obenein den Vortheil, daß er seit 1861 mit der Prinzessin Antonie, Tochter der alten Königs Ferdinand von Portugal verheirathet war. Der intriguante Marschall Prim, mit welchem sich einzulassen allerdings eine fast unerlaubte Sache ist, wurde ermächtigt, mit dem

Erbprinzen Leopold von Hohenzollern-Sigmaringen in Unterhandlungen zu treten.

Wenn der Prinz Leopold den Marschall Prim gekannt hätte,
würde er sich wahrscheinlich niemals mit ihm auf Unterhandlungen
eingelassen haben. Indessen, dies ist vorerst gleichgültig.

Ohne allen Zweifel erfuhr die französische Hofpartei von
diesen Unterhandlungen sogleich das Nothwendige und —
während ihr die Kandidatur des Prinzen Friedrich gar nicht unangenehm gewesen war, war ihr nun auf einmal die Kandidatur seines ältern Bruders, des Erbprinzen Leopold, höchst
unangenehm.

Von dieser Zeit ab datiren alle Bemühungen der französischen
Hofpartei, die Königin Isabella zur Abdankung zu Gunsten ihres
Sohnes, des Prinzen Alfons von Asturien zu bewegen.

Diese Bemühungen wurden Ende Juni 1870 mit Erfolg
gekrönt; die Königin Isabella dankte wirklich zu Gunsten des
Prinzen Alfons ab und kündigte dieses in einem langen Mani-
feste, sich alle Rechte vorbehaltend, den Spaniern an.

In der gleichen Zeit aber ungefähr war in Frankreich bekannt
geworden, daß in Folge der gepflogenen Verhandlungen der Erbprinz Leopold von Hohenzollern-Sigmaringen sich bereit erklärt
habe, die spanische Krone anzunehmen, wenn er von der Majorität
der Kortes zum Könige gewählt werde.

In einem Ministerrath zu Madrid am 5. Juli
ward beschlossen, daß am 22. desselben Monats die Kortes wieder
zusammentreten sollten; am 1. August sollte dann die Wahl des
Königs stattfinden — man rechnete auf eine große Majorität für
den Prinzen Leopold — und am 1. November sollte der erwählte
König in Spanien einziehen.

An demselben Tage, an welchem dieser Ministerrath zu Madrid

stattfand, brachte Herr Cochery im gesetzgebenden Körper zu Paris eine Interpellation über die spanische Angelegenheit ein. Cochery, Advokat, geboren 1820, war nach der Februarrevolution 1848 Kabinetschef des Justizministers, zog sich indessen sehr bald aus dem Staatsdienst zurück und wendete sich wieder zur Advokatur, daneben zum Journalismus. Im Jahr 1869 ward er, heftig bekämpft von der Regierung, als Kandidat der demokratischen Opposition im Departement Loiret in die Legislative gewählt; er unterzeichnete die Interpellation der 116. Sein Sitz war im linken Zentrum.

Als Herr Cochery seine Interpellation stellte, war die Hofpartei in der That bereits entschlossen, den Vorfall zu einer Demüthigung Preußens oder zum Kriege gegen Preußen zu benutzen.

Im Ministerrath vom 5. Juli wurde eine Antwort auf die Interpellation Cochery berathen, welche dem einen Theil der Minister noch friedlich erscheinen konnte, von dem andern aber kriegerisch gemeint war.

Der Herzog von Grammont trug diese Antwort am 6. Juli der Kammer vor. Er sagte:

„Es sei richtig, daß der Marschall Prim dem Prinzen Leopold von Hohenzollern die Krone Spaniens angeboten und daß dieser sie angenommen habe. Indessen habe sich einerseits das spanische Volk noch nicht ausgesprochen, andererseits seien die Details der Verhandlungen, welche vor ihr versteckt worden, — der französischen Regierung noch nicht bekannt. — Es sei daher zweckmäßig, die Diskussion über die Angelegenheit zu vertagen. — Die Regierung habe niemals aufgehört, der spanischen Nation ihre Sympathieen zu bezeugen und jeden Schein der Einmischung in die innern Angelegenheiten Spaniens zu vermeiden. Betreffs der verschiedenen Thronkandidaturen habe sie die striktefte Neutralität beobachtet. Sie werde in diesem Sinne auch ferner handeln."

„Aber", fuhr der Herzog fort, „wir glauben nicht, daß die Achtung vor den Rechten eines Nachbarvolks uns verpflichte, zu dulden, daß eine fremde Macht, indem sie einen ihrer Prinzen auf den Thron Karls des Fünften setzt, zu unserem Schaden das bestehende Gleichgewicht der Kräfte in Europa störe und die Interessen und die Ehre Frankreichs in Gefahr bringe."

„Dieser Fall, wir haben die feste Hoffnung, wird nicht eintreten. Wir rechnen in dieser Beziehung auf die Weisheit des deutschen und auf die Freundschaft des spanischen Volks".

„Sollte es anders kommen, dann, mein Herrn, würden wir wissen, stark durch ihre Unterstützung und die der Nation, unsere Pflicht ohne Schwanken und ohne Schwäche zu thun".

Diese Erklärung ward von der Rechten, dem rechten Zentrum und selbst einem Theil des linken Zentrums mit rauschendem Beifall aufgenommen.

Die Linke verlangte die Vorlage von Dokumenten; ihre Redner, insbesondere Picard, Crémieux, Arago witterten den **Krieg.** Sie betonten, daß man Frankreich in denselben hinein stürzen wolle, ehe es sich besinnen und aussprechen könne; daß es ganz überflüssig sei, unter jetzigen Umständen die Berathung des Budgets fortzusetzen — in welcher man sich zu dieser Zeit eben befand. Dieses Budget habe nur unter der Voraussetzung eines vollständig gesicherten Friedens einen Sinn; der Krieg, welcher vorbereitet werde, werfe es vollständig über den Haufen und mache es zu einem Unsinn.

Ollivier suchte zu begütigen: er glaubte an den Frieden, er meinte, Frankreich brauche sich nur stark und energisch zu zeigen und es werde Alles haben, dessen es bedürfe und was es verlange.

Indessen eine Erklärung, wie die des Herzogs von Grammont, abgegeben auf offener Tribüne, was sollte sie denn — wenn sie nicht g a r n i c h t s bedeutete, — a n d e r s bedeuten als den K r i e g g e g e n D e u t s c h l a n d?

Der Herzog von Grammont erklärt, daß Frankreich sich nicht in die innern Angelegenheiten Spaniens mischen wolle. Folglich, wenn die Spanier sich den Prinzen Leopold zum König wählen, was geht ihn das an?

Er sagt auch, d a s geht ihn nichts an. A b e r — die Regierung wird nicht dulden, daß eine f r e m d e Macht einen ihrer Prinzen auf den Thron Karls V. setze und dadurch das europäische Gleichgewicht störe.

Die fremde Macht ist P r e u ß e n. Mit dieser also will es die französische Regierung zu thun bekommen, nicht mit Spanien. Wie es mit der Stellung des Erbprinzen Leopold zu der „fremden Macht" steht, das haben wir auseinander gesetzt. Die französische Regierung konnte das ebenso gut wissen, als wir es wissen. Sagte sie auf diplomatischem Wege zu der aktuellen spanischen Regierung: wir wünschen den Prinzen von Hohenzollern nicht auf dem spanischen Throne zu sehn, — so war dies ihre Sache und es war die Sache der s p a n i s c h e n Regierung und des s p a n i s c h e n Volkes den Wünschen des französischen Gouvernements nachzukommen oder auch nicht. — Aber, wie Preußen für Spanien einen König bestimmen sollte, wie P r e u ß e n für die Wahl der S p a n i e r verantwortlich gemacht werden könne, das mußte doch dem gesunden Menschenverstande nothwendig ein Räthsel bleiben. Ebenso räthselhaft war es zu erfinden, wie denn auch selbst die Ernennung eines preußischen Prinzen zum König von Spanien, — also angenommen, daß der Erbprinz von Hohenzollern-Sigmaringen ein preußischer Prinz sei — das Gleichgewicht Europa's stören solle.

Alles wohlerwogen, konnte man also aus der Erklärung des Herzogs von Grammont vom 6. Juli unmöglich einen andern Schluß ziehen, als daß — wir wollen nicht sagen: die französische Regierung, sondern die französische Hofkriegspartei einen Vorwand zu einem Kriege um die Rheingrenze gefunden habe oder gefunden zu haben glaube.

Die Art, in welcher in der Zeit nach dem 6. Juli die ganze offiziöse Presse auftrat, ließ darüber keinen Zweifel. Der alte Hetzer Girardin erklärte sehr bald: wenn Frankreich kräftig auftrete, so werde natürlich Preußen sich bücken; aber das genüge nicht; wenn es nicht vorgehen wolle, so müsse man einfach in's Rheinland einrücken und die Preußen mit dem Kolben in den Hintern über den Rhein zurückwerfen.

So die ganze Bande der kaiserlichen oder Hofpartei. Die liberalen vernünftig redigirten Journale: „Debats", „Temps", „Siecle" und einige andere konnten bald gegen den ungeheuren Schwindel des größten Theils der Pariser Presse nicht mehr aufkommen.

Weil seit 1814 oder 1815 bei dem Volke um Paris und den Troupiers „le Prussien" zugleich denjenigen Körpertheil bedeutet, auf welchen der Mensch sich zu setzen pflegt, so gab die Anbändelei mit Preußen sehr schnell den humoristischen Wochenblättern Stoff zu angenehmen Bildern und mehr oder minder passenden Witzen.

Wir bestreben uns, ein möglichst getreues Bild der Vorgänge zu geben und müssen daher auch dieser Dinge, sei es noch so kurz, gedenken. Wichtiger ist es, auf die Vorstellungen einzugehn, welche sich die Hofkriegspartei von der Lage Deutschlands machte.

Sie bildete sich nämlich ganz fest ein, daß der gegenwärtige Anlaß ein besonders günstiger für Frankreich sei, mit Preußen allein anzubinden. Es handle sich hiebei um eine preußisch-dynastische Frage. Süddeutschland, in welchem ja wirklich die Preußen sich keiner großen Beliebtheit erfreuen, würde mit Vergnügen die Gelegenheit ergreifen, sich von Preußen zu trennen. Nicht genug damit, im norddeutschen Bunde selbst werde Preußen seine Feinde auferstehen sehn. Hannover werde sich mit Macht erheben, Sachsen, dessen Kronprinz 1866 das Wort gesprochen, daß er lieber österreichischer Korporal als preußischer General sein wolle, auf Oesterreich gestützt, der Sache Frankreichs seinen Beistand leisten.

Alles dieses sollten nun allerdings Nebelbilder bleiben, aus dem einfachen Grunde, weil die französischen Gesandten vielleicht die deutschen Höfe, aber das deutsche Volk durchaus nicht kennen.

Die Debatte über die Interpellation Cochery war verschoben. Die französische Legislative zeigte sich im höchsten Maße ungeduldig; sie wollte wissen, wie es um die Angelegenheit stände.

Die französische Regierung hatte sich sofort an alle europäischen Regierungen gewendet, um zu erfahren, wie dieselben über ihr Recht, sich in die Frage der Kandidatur des Prinzen Leopold einzumischen, dächten.

Die europäischen Regierungen konnten begreiflicher Weise nicht unhöflich sein; sie antworteten, daß sie die Erhaltung des Friedens wünschten.

Die preußische Regierung speziell erklärte, daß sie amtlich von der Thronkandidatur des Prinzen Leopold nichts wisse und daß diese Kandidatur sie nichts angehe.

Darauf ward der französische Botschafter in Berlin, Graf Benedetti, angewiesen, sich mit dem König Wilhelm von Preußen direkt in Verbindung zu setzen und von diesem zu verlangen, daß er dem Prinzen Leopold die Annahme der spanischen Krone verbiete.

Der König Wilhelm befand sich zu dieser Zeit zu Ems im Bade. Benedetti begab sich nach Ems und hatte am 9. Juli eine Audienz beim König. Dieser erwiederte auf die Forderungen, welche Benedetti an ihn stellte, daß er als König von Preußen von der ganzen Kronkandidatur des Prinzen Leopold durchaus nichts wisse; nur als Haupt der Familie Hohenzollern habe er davon Kunde. Er könne dem majorennen Prinzen Leopold ebenso wenig befehlen, als verbieten, die spanische Krone anzunehmen. In einer zweiten Audienz am 11. Juli wurde Benedetti bringender. Der König Wilhelm konnte unmöglich anders antworten, als am 9. Juli. Nur fügte er noch hinzu, er wisse nicht einmal, wo der Prinz Leopold, der eine Alpenreise beabsichtigt habe, sich augenblicklich befinde.

Der Prinz Leopold, kaum von den Komplikationen benachrichtigt, welche seine Kandidatur heraufbeschworen hatte, an welche er nicht gedacht hatte und nicht hatte denken können, beschloß auf diese Kandidatur zu verzichten, damit er keinen Anlaß zu einem Kriege zwischen den beiden Kulturnationen Zentraleuropas gebe, damit durch seine Schuld nicht einmal ein Vorwand zu solchem Kriege gelassen werde. Er bat seinen Vater, dieses aller Orten, wo es nothwendig sei, zu verkündigen und sein Vater übernahm diese Pflicht und that aufs Schnellste alles Mögliche, um sie zu erfüllen.

Am 12. Juli theilte Don Salustiano Olózaga, spanischer Gesandter zu Paris der französischen Regierung offiziell mit, daß der Prinz Leopold auf den spanischen Thron verzichte. Damit mußte nach aller vernünftigen Berechnung der Streitfall erledigt sein.

Emil Ollivier sah am **12. Mittags** die Sache auch so an. Nach der Zurückziehung der Kandidatur des Prinzen Leopold sagte er einer Anzahl von Deputirten in der Salle des pas perdus im Palais Bourbon, es bestehe kein Streit mehr. Alles sei abgemacht.

Allein dieser 12. Juli war ein merkwürdiger Tag. An ihm begannen die Sendungen von Truppen und Kriegsmaterial auf Metz und an die französische Nordostgrenze. An ihm stellte Clément Duvernois, der Gegner Olliviers, die Frage an das Kabinet, welche Garantieen Frankreich habe, daß ähnliche Komplikationen, wie die der spanischen Kronkandidatur nicht wieder von Preußen heraufbeschworen würden. An ihm, an diesem Tage beauftragte das Ministerium den Grafen Benedetti, vom König von Preußen zu verlangen, daß er für alle Zeiten dem Prinzen von Hohenzollern verbiete, etwa wieder auf die spanische Thronkandidatur zurückzukommen. An demselben Tage hatte der preußische Gesandte, Baron von Werther, seit dem 5. Juli auf einem seit lange ihm bewilligten Urlaub und eben wieder nach Paris zurückgekehrt, mit Grammont und Ollivier eine Unterredung, in welcher ihm von dem französischen Minister des Auswärtigen insinuirt ward, der König von Preußen müsse an den Kaiser Napoleon einen Entschuldigungsbrief schreiben, in welchem er ungefähr erkläre, daß er durch seine Zustimmung zur Kandidatur des Prinzen Leopold weder den Kaiser Napoleon, noch Frankreich habe belei-

bigen wollen und daß er „es nicht wieder thun wolle". Baron
Werther theilte dies dem Grafen Bismark mit, welcher ihm erwiederte, daß er schwerhörig sei und diese Sprache nicht gut verstehe;
die französische Regierung möge doch derartige Mittheilungen durch
ihren Botschafter in Berlin dem preußischen Kabinet zugehen lassen.

Am 12. Juli beugte sich Emil Ollivier abermals fremdem
Willen und entschloß sich, eine Sache zu vertheidigen, die er
zehnmal und bis zu diesem Tage bekämpft hatte, — er entschloß sich, — wenn man dies edle Wort für eine so unedle
Sache gebrauchen darf. Er war nunmehr der erklärte Kammer-
knecht der Hofkriegspartei geworden.

Es folgt die Geschichte des 13. Juli, — lassen wir es uns
nicht verdrießen, einzelne Tage zu verfolgen. Der 13. Juli spielt
zu Paris und zu Ems.

Zu Paris theilte der Herzog von Grammont dem
gesetzgebenden Körper mit, daß die französische Regierung vom
spanischen Gesandten die offizielle Mittheilung von der Verzichtleistung des Prinzen Leopold erhalten habe. Die Verhandlungen
der französischen Regierung mit Preußen seien aber noch zu keinem
Ende gediehen und es könnten folglich darüber noch keine Mittheilungen gemacht werden.

Den Mamelucken des Kaiserreichs gingen indessen die Dinge
schon viel zu langsam. Einer von ihnen erhob sich, um eine
Interpellation über die Ursachen des langsamen Vorgehens in der
äußern Politik zu stellen, welches nicht bloß den öffentlichen Wohl-
stand, sondern auch die nationale Würde Frankreichs gefährde.

Dieser Herr war der Baron Jérôme David, Sohn des alten
Königs Jerome von Westphalen und Enkel des berühmten französischen Malers Louis David. Im Jahre 1823 geboren, ward er von

seiner „Familie" für die Marine bestimmt und war von 1835 bis 1837 Schiffsjunge. Allein die See war ihm unangenehm, er zog den Dienst zu Lande vor, und wurde nothdürftig vorbereitet in die Militärschule von St. Cyr gethan, aus welcher er 1844 als Unterlieutenant der Zuaven hervorging. In Afrika, wohin er nun gehen mußte, machte er sich mit dem Arabischen bekannt und fand viele und angesehene Beschützer, welche ihn, wie sehr natürlich auch in das Kaiserreich hinüberbegleiteten. Während des Krimkrieges war er Ordonnanzoffizier des Prinzen Napoleon (Plonplon), seines Bruders, und kehrte mit demselben nach Frankreich zurück, als die leiblichen und geistigen Zustände des Prinzen ihm nicht mehr gestatteten, bei der Armee zu bleiben. Im Jahre 1857 nahm der Baron Jerome David als Kapitän seine Entlassung aus dem Militärdienst und widmete sich nun theils idyllischen, theils bürgerlich-politischen Studien. Im Jahre 1859 ward er im Departement Gironde als Regierungskandidat in die Legislative gewählt und zeichnete sich in dieser durch seine prononcirten cäsaristischen Ansichten und seinen großen Mund aus.

Während die Mameluken des Kaiserreichs in Paris die Geduld verloren hatten, — hatte Graf Benedetti den Aufträgen des Ministeriums Ollivier-Grammont oder Grammont-Ollivier gemäß gehandelt.

Er ertappte am 13. Juli den König von Preußen in Ems auf seiner Morgenpromenade und hielt ihm einen Vortrag. Der König antwortete, daß er von der Entsagung des Prinzen Leopold unterrichtet und mit derselben ganz einverstanden sei; er hatte indessen seine Nachrichten nur durch Zeitungsblätter, die er dem Grafen Benedetti vorzeigte, sie aus seiner Tasche hervorholend.

Beim Dejeuner um ein Uhr Nachmittags erhielt der König von Preußen einen Brief des alten Fürsten Karl Anton von Hohenzollern-Sigmaringen, durch welchen derselbe die Verzichtleistung seines Sohnes auf den spanischen Thron in ausführlicher Erörterung bestätigte.

Mit dieser Nachricht und der Erklärung, daß er hiermit die Sache für abgemacht ansehe, schickte der König von Preußen am Nachmittag um 2 Uhr einen Flügeladjutanten zum Grafen Benedetti.

Dieser arme Mann hatte nun unterdessen alle Drangsale von Paris her auszustehen gehabt. Er sagte dem Flügeladjutanten des Königs: er habe telegraphisch den Auftrag empfangen, eine neue Audienz beim Könige zu fordern. Er solle in derselben dem König die definitiven Wünsche der französischen Regierung vortragen, welche darauf hinausliefen, daß der König erstens die Verzichtleistung des Prinzen von Hohenzollern billige und daß er zweitens die Versicherung ertheile, diese Kandidatur werde auch in Zukunft nicht wieder aufgenommen werden.

Der König ließ dem Grafen Benedetti durch seinen Flügeladjutanten zurücksagen: er billige die Verzichtleistung des Prinzen Leopold ebenso, wie er dessen Annahme der spanischen Thronkandidatur acceptirt habe, als eine Sache, die ihn und vor allen Dingen Preußen oder den norddeutschen Bund durchaus nichts angehe. Es folge daraus, daß es ihm absolut unmöglich sei, in dieser ihn durchaus nicht betreffenden Frage Zusicherungen für die Zukunft seinerseits zu geben. Der König könne sich da nur auf dasjenige berufen, was er am Morgen dem Grafen Benedetti mündlich gesagt habe.

Benedetti verlangte nun doch, weil er einen ganz bestimmten Auftrag habe, eine persönliche Zusammenkunft mit dem König wegen des zweiten Punkts, der Versicherungen für die Zukunft.

Der König schickte um 5½ Uhr Abends seinen Flügeladjutanten noch einmal zu Benedetti und ließ ihm sagen, daß über
den zweiten Punkt nach den frühern Erklärungen eben nicht mehr
zu reden sei.

Benedetti erkundigte sich nach dem Befinden Bismarks. Dieser
letztere war allerdings vom König nach Ems beschieden; aber sobald
er auf seiner Reise von Varzin in Berlin die Nachricht von der
Entsagung des Prinzen Leopold erhielt, kehrte er ruhig wieder
um, weil er damit Alles für abgemacht hielt. Am 13. Juli mußte
er erst von Neuem bestellt werden und konnte bei der größesten
Eile doch unmöglich vor dem 15. Juli in Ems eintreffen.

Am 14. Juli machte der König von Preußen einen
Ausflug nach Koblenz und begrüßte bei dieser Gelegenheit den
Grafen Benedetti, der das dringende Bedürfniß hatte, sich von
ihm zu verabschieden, am Bahnhofe.

Die Deutschen hatten sich den Herausforderungen Frankreichs gegenüber wunderbar ruhig verhalten. In Deutschland dachte
eigentlich kein Mensch daran, daß diese spanische Kronkandidatur
auch nur zum Vorwand eines Krieges genommen werden könne.

Was war Frivoleres noch denkbar?

Die deutschen Zeitungen sprachen damals mit der äußersten
Mäßigung, welche wunderbar kontrastirte zu den Aeußerungen der
Pariser Journale: „Liberté“, „Paris-Journal“, „Gaulois“, „Fi-
garo“, „Patrie“, „Konstitutionel“, „Peuple français“ u. s. w.

Am 14. Juli ward zu Paris der Würfel geworfen; der Krieg
endgültig beschlossen; die Vorbereitungen, wie erwähnt worden ist,
hatten schon früher begonnen, aber noch ohne die Zustimmung
aller Minister, weil die Hofpartei hinter den Coulissen handelte. Benedetti hatte über den Ausfall des 13. Juli zu Ems
verschiedene Berichte entsendet, die norddeutsche Bundesregierung

über dieselben Vorfälle Telegramme an ihre diplomatischen Agenten erlassen und diese wurden von der Pariser Hofkriegspartei für „diplomatische Noten", in dieser Gestalt allerdings entschiedene Beleidigungen, ausgegeben.

Während des Ministerraths mußte der Kaiser, welcher den Krieg nicht, aber wohl Niederlagen in diesem Kriege ver= abscheute, das Zimmer verlassen. In großer Hast zurückgekehrt, wiederholte er, was er schon oft gesagt: „Aber meine Herren, ich brauche Bürgschaften, Bürgschaften" — — (natürlich waren damit Bürgschaften gemeint, daß die Franzosen den Sieg sicher davon tragen würden, — schwer zu gebende Bürgschaften.)

Der Marschall Leboeuf erwiederte stolz: „Sire, es fehlt auch nicht der letzte Hosenknopf!"

Mit dieser Versicherung eines sachverständigen Mannes war Alles abgemacht; der erwünschte Krieg konnte begonnen werden und er ward am 15. Juli verkündet.

Am 15. Juli verlangte Herr Emil Ollivier einen Kredit von 500 Millionen Franken und kündigte, indem er sich zum getreuen Dollmetscher der Ansichten des großen Herzogs von Grammont machte, Preußen den Krieg an. Er verkündete, daß schon am 14. die Einberufung der Reserven angeordnet worden sei.

Der Beschluß über den Kredit von 500 Millionen ward für dringlich erklärt; die Linke enthielt sich der Abstimmung; aber der einzige, welcher noch in der zwölften Stunde ein Wort der Vernunft zu reden wagte, war der alte Herr Thiers. Dieser Mann, welchem Frankreich hauptsächlich die Befestigung von Paris verdankt, von welchem gewiß nicht behauptet werden kann, daß ihm im Allgemeinen ein Krieg Frankreichs gegen Deutschland und besonders um „die natürliche Grenze" unerwünscht sei, stimmte doch gegen diesen Krieg, gegen den Krieg jetzt und unter den gegenwärtigen Umständen. Er nannte diesen Krieg eine Unklugheit; die Gelegenheit sei schlecht gewählt, Frankreich sei nicht gerüstet und es stehe obenein allein.

Wahrlich es gehörte Muth dazu, dem unsinnigen jubelnden Gebrüll der kaiserlichen Mameluden gegenüber, in dieser Gesellschaft in solcher Weise die Wahrheit zu sagen; die reine Wahrheit — aber eben deßhalb!

Ollivier ließ dem Muthe des Herrn Thiers Gerechtigkeit widerfahren, aber er nahm die volle Verantwortlichkeit für diesen Krieg vor der Geschichte auf sich, — eine Bürde, die ihm bald leicht genug gemacht werden sollte. Er behauptete, daß dieser Krieg nothwendig sei und berief sich, um diese Behauptung zu erweisen, auf die Beleidigung, welche dem Grafen Benedetti angethan worden sei. — Man hätte vielleicht die Weigerung des Königs von Preußen, ferner mit Benedetti zu verkehren, an sich milder beurtheilen können, obgleich doch die preußische Regierung früher schon erklärt habe, daß sie die Thronkandidatur des Prinzen Leopold von Hohenzollern durchaus nichts angehe, obgleich sie dadurch das französische Gouvernement gezwungen habe, sich direkt an den König von Preußen zu wenden. Allein die Sache sei absolut verschlimmert und unverbesserlich gemacht dadurch, daß die preußische Regierung am 14. Juli in einer Note den auswärtigen Höfen die Weigerung des Königs, den französischen Botschafter zu empfangen, ausdrücklich angezeigt habe.

. Die Linke verlangte die besprochene Note zu sehen. Aber die Majorität verbot tumultuarisch und dann durch ihre Abstimmung, die Note vorzuzeigen. Dieß war allerdings im Interesse des Herrn Emil Ollivier höchst nothwendig. Denn die Note existirte einfach nicht; es existirte nichts als eine einfache telegraphische Depesche der preußischen Regierung an ihre diplomatischen Agenten im Auslande, durch welche sie diesen kurz den Sachverhalt der Vorgänge vom 13. Juli mittheilte.

Die Majorität der Kammer bewilligte Alles, was die Regierung für den Krieg verlangte.

Von einem Tage auf den andern erwartete man nun das Erscheinen der Kriegserklärung an Preußen. Indessen dieselbe ließ noch auf sich warten. England machte einen schwachen Versuch, den Krieg zu verhindern. Es bot in diesem Sinn sowohl dem französischen als dem preußischen Kabinet seine guten Dienste zur Vermittlung an. Von Frankreich erfolgte sogleich eine höflich ablehnende Antwort. Preußen, bereits davon unterrichtet, erklärte, daß es mit Dank die englische Vermittlung annehmen werde, doch nur dann, wenn Frankreich zuvor gleichfalls seine Zustimmung erkläre.

Damit war Englands „letzter Versuch" gescheitert.

Am 19. Juli Mittags um 1½ Uhr überreichte der interimistische französische Geschäftsträger in Berlin der preußischen Regierung die Kriegserklärung. Er hieß zufällig Le Sourd, ein charakteristischer Name für die Situation.

Die Kriegserklärung lautete:

„Der unterzeichnete Geschäftsträger Frankreichs hat gemäß den Befehlen seiner Regierung die Ehre folgende Mittheilung zur Kenntniß Seiner Excellenz des Ministers der auswärtigen Angelegenheiten Seiner Majestät des Königs von Preußen zu bringen:

„Die Regierung Seiner Majestät des Kaisers der Franzosen konnte den Plan, einen preußischen Prinzen auf den spanischen Thron zu erheben nur als ein Unternehmen gegen die

territoriale Sicherheit Frankreichs betrachten, und hat sich daher
genöthigt gesehen, von Seiner Majestät dem König von Preußen
die Versicherung zu verlangen, daß eine ähnliche Kombination mit
seiner Zustimmung nicht wieder vorkommen werde."

„Da seine Majestät der König von Preußen diese Zusicherung
verweigert und im Gegentheil dem Gesandten Seiner Majestät des
Kaisers der Franzosen erklärt hat, er gedächte sich für dieses Vor-
kommniß wie für jedes Andere die Möglichkeit vorzubehalten, die
Umstände zu befragen, — so hat die kaiserliche Regierung in dieser
Erklärung des Königs einen Hintergedanken erkennen müssen, welcher für Frankreich und für das europäische Gleichgewicht bedrohlich ist. Diese Erklärung hat einen noch schwereren
Charakter erhalten durch die Mittheilung, welche den Kabinetten
gemacht wurde von der Weigerung, den Gesandten des Kaisers
zu empfangen und mit ihm auf neue Auseinandersetzungen einzutreten."

„In Folge davon hat die französische Regierung es für ihre
Pflicht gehalten, ohne Verzug an die Vertheidigung ihrer verletzten
Würde, ihrer verletzten Interessen zu denken, — und entschlossen
zu diesem Zwecke alle Maßregeln zu ergreifen, welche von der ihr
geschaffenen Lage geboten werden, betrachtet sie sich von jetzt an
als im Zustande des Krieges mit Preußen."

Deutschland war von der leichtfertigen französischen Regierung
zum Kriege gezwungen. Es ist aber falsch, das französische Volk
für diesen Krieg verantwortlich zu machen. Das französische Volk
hat diesen Krieg ebenso wenig gewollt als das deutsche.

Deutschland ward zum Kriege gezwungen. Der König
von Preußen, Vorsteher des norddeutschen Bundes, war durch die
Zumuthungen, welche ihm der Graf Benedetti stellte, beleidigt.
Es ist richtig, daß der jetzt vorliegende Kriegsvorwand gar nicht

hätte vorliegen können, wenn ganz Europa republikanisch war: denn man hätte dann einfach kein Spanien gehabt, welches ängstlich nach einem K ö n i g e suchte.

Da nun aber die Voraussetzung nicht besteht, so lag die Sache ganz anders.

Der König von Preußen s o l l t e beleidigt werden. Die Mehrzahl der Pariser Blätter, — der Gaulois, der Figaro, Paris-Journal, Constitutionel, Liberté und wie sie sonst noch heißen, verkündeten dieß l a u t.

So lange monarchische Regierungen bestehen, muß eine absichtliche Beleidigung des Monarchen, der an der Spitze eines Volkes steht, dem g a n z e n Volk als i h m zugedachte Beleidigung gelten.

Einem Republikaner steht es wohl an, dieses zu sagen. Kein Republikaner würde nur einen Augenblick zögern, es für eine ihm widerfahrene Beleidigung zu halten, wenn der Präsident seiner Republik offiziell vom Auslande beleidigt würde.

Die Sache war so einfach, daß in Deutschland jedes Kind sie begriff, — und viele selbst gemäßigte Leute fanden es nach dem 15. Juli unbegreiflich, daß die Regierung des norddeutschen Bundes an ihrer Mäßigung festhielt.

Man hätte allenfalls noch fragen können, was die Beleidigung des Königs von Preußen die S ü d d e u t s c h e n angehe. — Allein, darauf geben die oben erwähnten Pariser Blätter die sprechendste Antwort: sie rechneten auf das Duell zwischen Frankreich und P r e u ß e n, sie spekulirten auf die Trennungen in Deutschland, spekulirten darauf, daß wiederum, mehr als 60 Jahre nach dem Tode Schillers, fast 40 Jahre nach dem Tode Göthes, trotz aller ihrer Errungenschaften auf den Gebieten der Kunst und Wissenschaft, des Handels, der Gewerbe, — Errungenschaften,

welche gemeinſam waren, welche nur mit vereinten Kräften erwor-
ben werden konnten, — die Deutſchen gegenüber dem Auslande, welches e i n e s ihrer Gebiete herausforderte, ſich trennen
könnten.

Darauf mußte geantwortet werden, kräftig, energiſch. D a s
war ein Schimpf, der a l l e n Deutſchen angethan ward. Sie
mußten darauf antworten, nicht: wir w o l l e n ſein ein einig Volk
von Brüdern, — ſondern: wir ſ i n d ein einig Volk von Brüdern. •

Ihr denkt: wir werden jetzt uns trennen? Nein, tauſend
Mal Nein!

Und das Nothwendige geſchah. Durch ganz Deutſchland ſchallte
nur eine Stimme. E i n e Stimme übertönte alle Parteiung; —
möge ſie aufleben nachher, in dieſem Augenblicke durfte ſie nicht
beſtehen. Süddeutſche und Norddeutſche erhoben ſich in einem Sinn,
in einem Gedanken. Und die deutſchen Provinzen Oeſterreichs,
obwohl ſtaatlich getrennt von Deutſchland, hatten keinen andern
Gedanken als die übrigen deutſchen Länder und würden es im
Nothfall dem Herrn von Beuſt ſehr ſchwer gemacht haben, ſeine
eigenſten politiſchen Gedanken zu verfolgen.

Am 14. wurde der Befehl zur M o b i l m a c h ū n g der norddeutſchen Armee gegeben, die ſüddeutſchen Staaten ſäumten nicht,
ihren Anſchluß zu erklären.

Zugleich war der n o r d d e u t ſ c h e Reichstag auf den 19.
Juli nach Berlin berufen; auf denſelben Tag, an welchem die
franzöſiſche Legislative heimgeſchickt ward, um nicht zu ſtören. Als
der König von Preußen die Sitzung des Reichstags am Mittag
des 19. Juli eröffnete, war ihm die offizielle franzöſiſche Kriegserklärung noch nicht mitgetheilt worden, aber er wußte, daß ſie
ſich ſchon in Berlin befand. Seine Thronrede war ein Muſter von
Mäßigung, und wir heben denjenigen Theil aus ihr hervor, wel-

cher uns charakteristisch erscheint für die damalige Stimmung in
Deutschland, weil — wenn einmal ein solch unsinniger Krieg begonnen ist, — alle Begriffe sich verkehren. Bevor er begonnen ist,
kann man vernünftig reden. Haben sich einmal zwei große Nationen, die einander ebenbürtig sind, in einen solchen Krieg hinein-
treiben lassen, so hört nur zu leicht auf b e i d e n Seiten die Vernunft auf und das Regiment des Unsinns beginnt.

„Hat Deutschland, — so sprach der König von Preußen,
nachdem er die Lage kurz erörtert — derartige Vergewaltigungen
seines Rechtes und seiner Ehre in früheren Jahrhunderten schwei-
gend ertragen, so ertrug es sie nur, weil es in seiner Zerrissen-
heit nicht wußte, wie stark es war. Heute, da das Band geistiger
und rechtlicher Einigung, welches die Befreiungskriege zu knüpfen
begannen, die deutschen Stämme je länger desto inniger verbindet;
heut, da Deutschlands Rüstung dem Feinde keine Oeffnung mehr
bietet, — trägt Deutschland in sich selbst den Willen und die Kraft
zur Abwehr erneuter französischer Gewaltthat.“

„Es ist keine Ueberhebung, welche mir diese Worte in den
Mund legt. Die verbündeten Regierungen, wie ich selbst, — wir
handeln in dem v o l l e n Bewußtsein, daß Sieg und Niederlage
in der Hand des Lenkers der Schlachten ruhen. — Wir haben mit
klarem Blicke die Verantwortlichkeit ermessen, welche vor den Ge-
richten Gottes und der Menschen d e n trifft, der zwei große und
friedliebende Völker im Herzen Europa's zu verheerenden Krie-
gen treibt.“

„Das deutsche wie das französische Volk, beide
die Segnungen christlicher Gesittung und steigenden
Wohlstandes gleichmäßig genießend und begehrend,
sind zu einem heilsameren Wettkampf berufen, als
zu dem blutigen der Waffen.“

„Doch die Machthaber Frankreichs haben es verstanden, das wohlberechtigte aber reizbare Selbstgefühl unseres großen Nachbarvolkes durch berechnete Mißleitung für persönliche Interessen und Leidenschaften auszubeuten."

Wann wurden jemals beim Beginn eines großen Kampfes zwischen zwei Nationen von dem Haupte der einen dieser Nationen wahrere und edlere Worte gesprochen?

Nie, so lange es eine Weltgeschichte gibt. Nie!

Aber, — sollen wir gezwungen sein, später auf diese Worte zurückzukommen, um daran zu erinnern, daß Adel und Verstand aufhören, sobald einmal ein unsinniger Krieg heraufbeschworen ist, zwischen zwei Nationen, welche — die Nationen — beide den Frieden wollten?

In der Adresse, die der norddeutsche Reichstag an den König von Preußen richtete, hieß es:

„Wir vertrauen auf Gott, dessen Gericht den blutigen Frevel straft. Von den Ufern des Meeres bis zum Fuße der Alpen hat das Volk sich auf den Ruf seiner einmüthig zusammenstehenden Fürsten erhoben. — Kein Opfer ist ihm zu schwer. — Die öffentliche Stimme der zivilisirten Welt erkennt die Gerechtigkeit unserer Sache. — Befreundete Nationen sehen in unserem Siege die Befreiung von dem auch auf ihnen lastenden Drucke bonapartischer Herrschsucht und die Sühne des auch an ihnen verübten Unrechts. — Das deutsche Volk aber wird endlich auf der behaupteten Wahlstatt den von allen Völkern geachteten Boden friedlicher und freier Einigung finden."

In der Reichstagssitzung vom 20. Juli theilte der Bundeskanzler Graf Bismark alle Dokumente mit, welche überhaupt, mit Mühe über die Anzettelung dieses Krieges zusammenzufinden waren. — Unter denselben befand sich auch die Antwort vom 18.

Juli, welche er auf den Vermittlungsvorschlag Englands dem britischen Botschafter in Berlin, Lord Loftus, hatte ertheilen müssen.

In dieser Antwort befindet sich folgende Stelle:

„Frankreich hat die Initiative zum Kriege ergriffen und an derselben festgehalten, nachdem die erste Komplikation, auch nach Englands Meinung materiell beseitigt war. Eine von unserer Seite jetzt zu ergreifende Initiative zu Verhandlungen würde von dem nationalen Gefühle der Deutschen, nachdem dasselbe durch Frankreichs Drohungen tief verletzt und aufgeregt worden, mißverstanden werden. **Unsere Stärke liegt in dem nationalen, dem Rechts- und Ehrgefühl der Nation, während die französische Regierung bewiesen hat, daß sie dieser Stütze im eigenen Lande nicht im gleichen Maße bedarf.**"

Die Truppen marschirten von Osten und Westen gegen den Rhein. Unterdessen aber ward ein diplomatischer Feldzug abgespielt, den wir nicht übergehen dürfen.

Es erschien nämlich in den Times eine Mittheilung über die früheren Unterhandlungen zwischen Bismarck und Benedetti, welche sich zum guten Theil um Belgien drehten und deren wir der Hauptsache nach gedacht haben.

Diese Mittheilung rief in England, in Parlament und Volk eine stürmische Aufregung hervor. Also, während man im tiefsten Frieden zu leben geglaubt hatte, waren solche Verhandlungen im Gange gewesen, während England versichert gewesen war, daß die Neutralität Belgiens so fest stehe, wie nur irgend möglich, war dieselbe aufs Aeußerste bedroht gewesen! Man verlangte Aufklärung.

Bismarck wünschte sich nichts Besseres. Am 27. Juli tele-

graphirte er an den Grafen Bernstorff, Botschafter des norddeutschen Bundes zu London, daß die Mittheilungen der Times völlig
richtig und wahrheitsgetreu seien, und am 29. Juli erließ er eine
lange Zirkulardepesche, in welcher er weitläufig die verschiedenen
Anbändeleien des französischen Hofs mit ihm erzählte und wiederholte, daß der von Benedetti selbst geschriebene Vertragsentwurf,
dessen wir früher erwähnt haben, sich in seinen Händen befinde
und daß die Handschrift Benedettis von den Gesandten Englands,
Oesterreichs, Rußlands, Badens, Baierns, Belgiens, Hessens,
Italiens, Sachsens, der Türkei und Würtembergs zu Berlin anerkannt worden sei.

Die wichtigste Stelle in **Bismards Note** scheint uns
die folgende:

„Ich denke, daß die Ueberzeugung, man werde durch uns nicht
zu einer Erweiterung des französischen Gebietes gelangen, den
Kaiser (Napoleon) allein bestimmt hat, sie durch einen Krieg gegen
uns zu suchen."

„Ohne die Veröffentlichung des Vertragsentwurfs, — ich habe
Grund es zu glauben — würde selbst Frankreich nach der Beendigung unserer beiderseitigen Rüstungen uns anerboten haben, nunmehr seine früheren Vorschläge in Ausführung zu bringen, da wir
uns angesichts des nicht bewaffneten Europas an der Spitze von
zusammen einer Million wohlbewaffneter Streiter befänden, — es
würde uns also anerboten haben, sei es vor, sei es nach der ersten
Schlacht, Frieden zu schließen, auf der Grundlage der Vorschläge
des Herrn Benedetti und auf Kosten Belgiens."

Die Antwort des **Herzogs von Grammont** erfolgte
erst, als die Feindseligkeiten bereits begonnen hatten, am 3. August.

Der Herzog konnte wenig sagen. Er hob die „Unwahrschein-
lichkeit" der Bismard'schen Erzählung in einzelnen Punkten hervor;
er behauptete, daß jedenfalls der **Kaiser** mit den Verhandlungen

Benedettis — seines Gesandten! — nichts zu schaffen gehabt
habe. Er schob alle Schuld an den Anbändeleien bezüglich Bel=
giens auf Bismarck und beschuldigte denselben im Allgemeinen der
Kriegslust, indem er die eigenthümliche Frage der europäischen
„Entwaffnung“, welche auf keinem der bisherigen Regierungs=
wege zu lösen ist, hervorholte.

Die englische Regierung hatte unterdessen auf die Ab=
wicklung dieses zum Theil schon sehr müßigen Streites nicht ge=
wartet. Die Neutralität Belgiens schien ihr bedroht. —
Nach der faktischen Lage der Dinge, war sie es jetzt vielleicht
weniger als sonst. Da Süddeutschland mit Norddeutschland völlig
einig ging, litten die Deutschen nicht an einer zu kurzen Grenze
(oder Basis) gegen Frankreich, wie es allerdings leicht hätte der
Fall sein können, wenn Norddeutschland allein blieb. Was die
Franzosen betrifft, so war bei ihrer numerischen Mindermacht die
ihnen durch die Verhältnisse gebotene Kriegsgrenze für sie schon
eher zu lang als zu kurz.

Indessen England wollte unter allen Umständen die Neutra=
lität Belgiens gesichert wissen und veranlaßte daher sowohl Frank=
reich als Deutschland zu einer vertragsmäßigen Zusicherung, daß
sie diese Neutralität respektiren würden. Der verlangte Vertrag
ward am 9. August, nachdem schon alles Mögliche sich ereignet
hatte, von Lord Granville, dem Marquis Lavalette und dem Grafen
Bernstorff für Großbrittanien, Frankreich und den norddeutschen
Bund zu London unterzeichnet.

Vielleicht könnten wir in dieses Kapitel noch manchen Vorfall
einfügen, doch — nach reiflicher Ueberlegung unterlassen wir es,
um uns der Erzählung der Kriegsereignisse zuzuwenden, welche
wir nur zu bald gezwungen sein werden, wiederum durch politische
oder diplomatische Exkurse zu unterbrechen.

Der Krieg um die Rheingrenze 1870 erscheint in voraussichtlich vier Abtheilungen von je etwa 8 bis 12 Druckbogen mit sorgfältig gearbeiteten Karten und Plänen, in welchen die Gefechtsstellungen in Farben eingezeichnet sind. Der Preis einer Abtheilung wird je nach ihrer Stärke und der Anzahl von Karten 20—28 Ngr. betragen.

In demselben Verlage sind erschienen:

Rüstow, W, Allgemeine Taktik nach dem gegenwärtigen Standpunkt der Kriegskunst bearbeitet. Mit erläuternden Beispielen. 2te umgearbeitete und bedeutend erweiterte Auflage mit 15 Tafeln. 8. br.
Rthlr. 3; fl. 5. 12 kr.

— — Die Feldherrnkunst des neunzehnten Jahrhunderts. Zum Selbststudium und für den Unterricht an höheren Militärschulen. 2te umgearbeitete und bis Ende 1866 fortgeführte Auflage. gr. 8. br.
Rthlr. 3. 21 Ngr.; fl. 6. 30 kr.

— — Die Lehre vom kleinen Kriege. Mit Zeichnungen. 8. br.
Rthlr. 1. 24 Ngr.; fl. 3.

— — Die ersten Feldzüge Napoleon Bonaparte's in Italien und Deutschland 1796 und 1797. Mit 15 Kriegskarten. gr. 8. br.
Rthlr. 5; fl. 8. 45 kr.

— — Der italienische Krieg 1848 und 1849. Mit 6 Karten. 8. br.
Rthlr. 3. 10 Ngr.; fl. 5. 48 kr.

— — Der italienische Krieg 1859. 3te Auflage. Mit 3 Karten. 8. br.
Rthlr. 2. 7½ Ngr.; fl. 3. 51 kr.

— — Der italienische Krieg 1860. Mit 7 Karten und Plänen. 8. br.
Rthlr. 3; fl. 5. 12 kr.

— — Geschichte des ungarischen Insurrektionskrieges 1848 und 1849. Mit Karten und Plänen. 2 Bände. 8. br.
Rthlr. 6; fl. 10. 8 kr.

— — Der Krieg gegen Rußland 1854 und 1855. Mit Plänen und Porträts. 2 Bände. 8. br.
Rthlr. 3; fl. 5. 6 kr.

— — Der deutsch-dänische Krieg 1864. Mit 4 Karten. 8. br.
Rthtr. 3. 9 Ngr.; fl. 5. 36 kr.

— — Der Krieg von 1866 in Deutschland und Italien. Mit 6 Karten und Plänen. 4ter Abdruck. 2te verbesserte und stark vermehrte Auflage. 8. br.
Rthlr. 3. 3 Ngr.; fl. 5. 27 kr.

— — Militärisches Handwörterbuch. 2 Bände. gr. 8. br.
Rthlr. 3; fl. 5. 15 kr.

— — Dasselbe. Supplementband für die Jahre 1859 bis Ende 1867. 8. br.
16 Ngr.; 56 kr.

— — Die Militärschule. Allgemeine Einleitung in das Studium der Kriegswissenschaft, für Militär, Staatsmänner und Lehrer. 8. br.
15 Ngr.; 57 kr.

— — Die Grenzen der Staaten. Eine militärisch-politische Untersuchung. 8. br.
14 Ngr.; 48 kr.